Hefei Huang (黄鹤飞)
Dieter Ziethen

Ziel HSK 3

Vokabeltraining

1. Auflage

Hefei Huang Verlag

Autoren: Hefei Huang (黄鹤飞)
Dieter Ziethen

Cover: Dieter Ziethen

Bibliografische Information der Deutschen Bibliothek: Die Deutsche Bibliothek verzeichnet diese Publikation in der Deutschen Nationalbibliographie. Detaillierte bibliografische Daten sind im Internet über http://dnb.ddb.de abrufbar.

ISBN 978-3-98796-005-5

1. Auflage
Gröbenzell 2024
Deutschland

Hefei Huang Verlag GmbH
Osterseestraße 50 a
82194 Gröbenzell
Germany

www.huang-verlag.de

Inhalt

01 儿子的生日

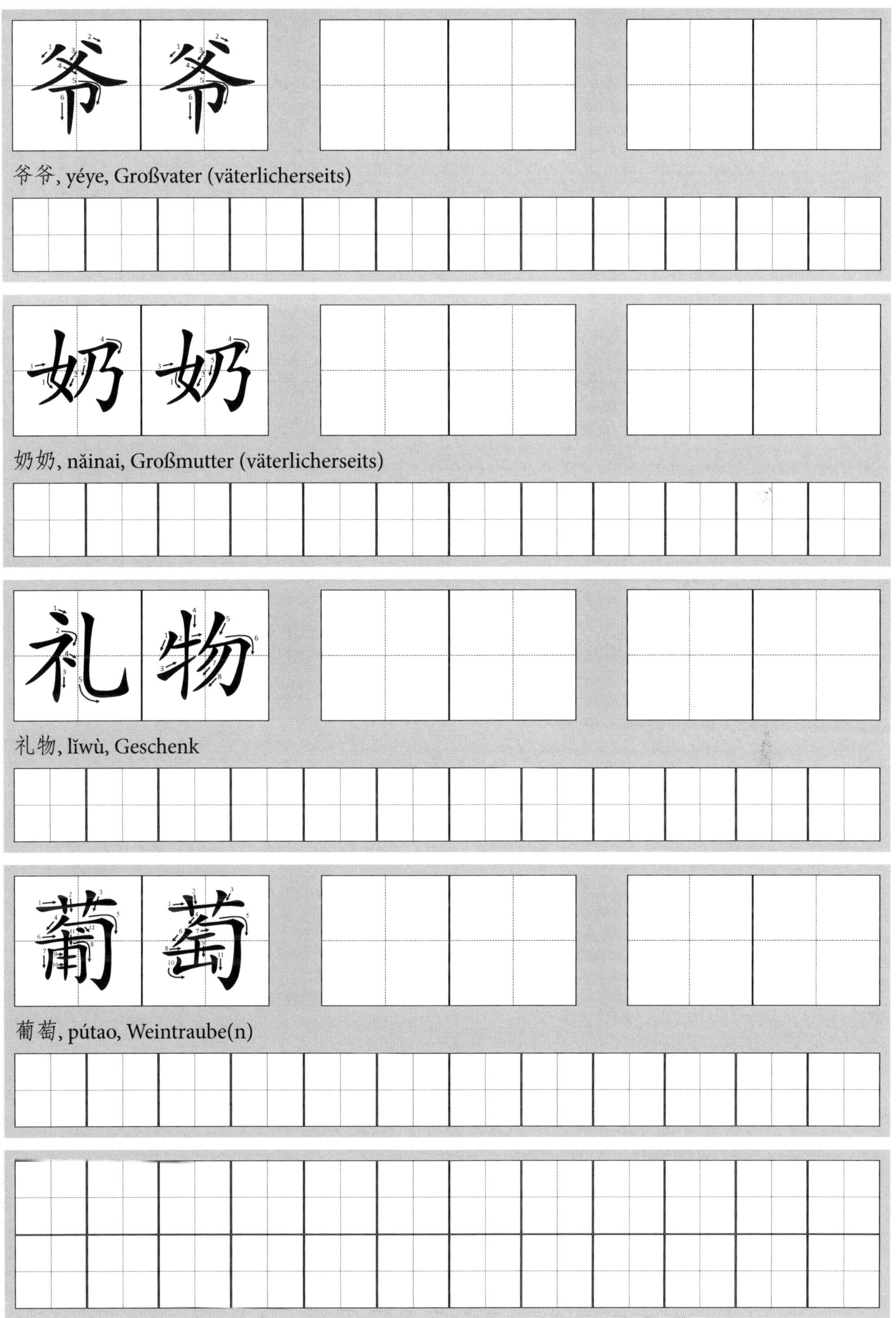

爷爷, yéye, Großvater (väterlicherseits)

奶奶, nǎinai, Großmutter (väterlicherseits)

礼物, lǐwù, Geschenk

葡萄, pútao, Weintraube(n)

蛋糕, dàngāo, Kuchen

以后, yǐhòu, später, danach, nachdem

故事, gùshi, Geschichte, Erzählung

讲, jiǎng, erzählen

虽然, suīrán, zwar, obwohl

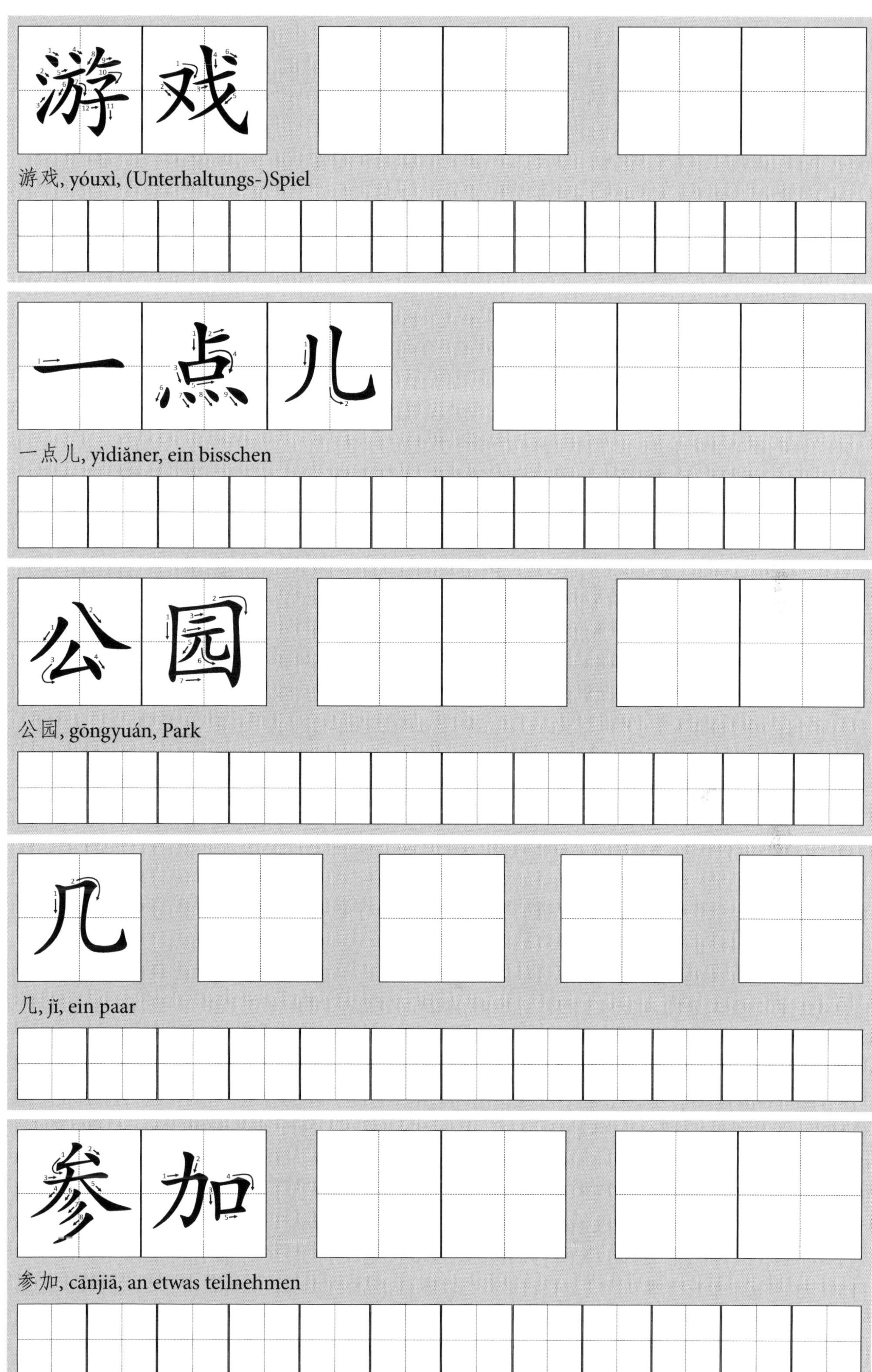

游戏, yóuxì, (Unterhaltungs-)Spiel

一点儿, yìdiǎner, ein bisschen

公园, gōngyuán, Park

几, jǐ, ein paar

参加, cānjiā, an etwas teilnehmen

02 我爱我家

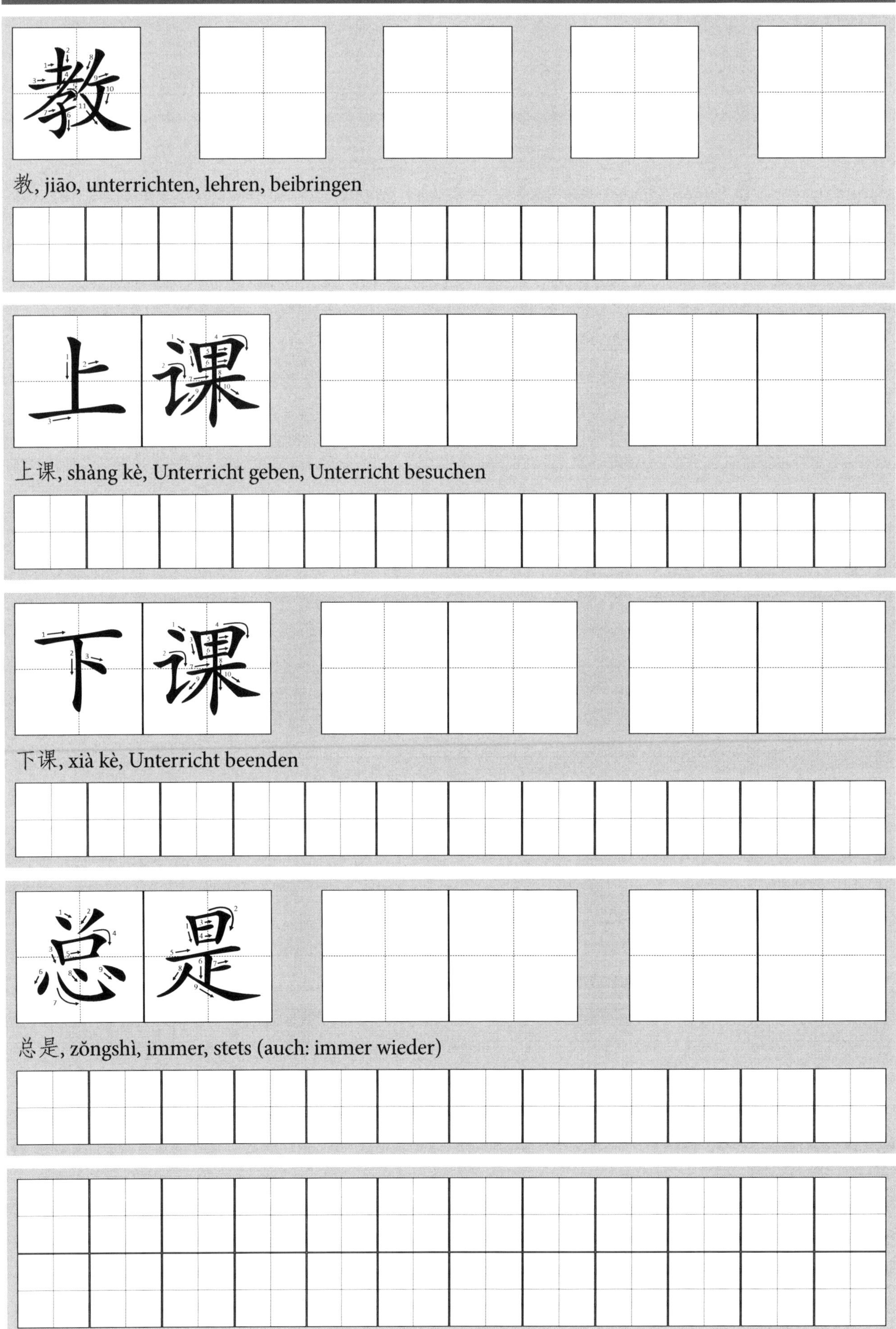

教, jiāo, unterrichten, lehren, beibringen

上课, shàng kè, Unterricht geben, Unterricht besuchen

下课, xià kè, Unterricht beenden

总是, zǒngshì, immer, stets (auch: immer wieder)

努力, nŭlì, fleißig (sein), bemüht (sein)

认真, rènzhēn, gewissenhaft (sein), ernsthaft (sein)

有时候, yŏu shíhou, manchmal

洗手间, xĭshŏujiān, Toilette, WC

灯, dēng, Lampe

亮, liàng, hell (sein)

幼儿园, yòuéryuán, Kindergarten

小的时候, xiǎo de shíhou, in der Kindheit

向他学习, xiàng tā xuéxí, von ihm lernen

接, jiē, jemanden abholen; Telefon abnehmen

最后, zuìhòu, letztendlich, zum Schluss

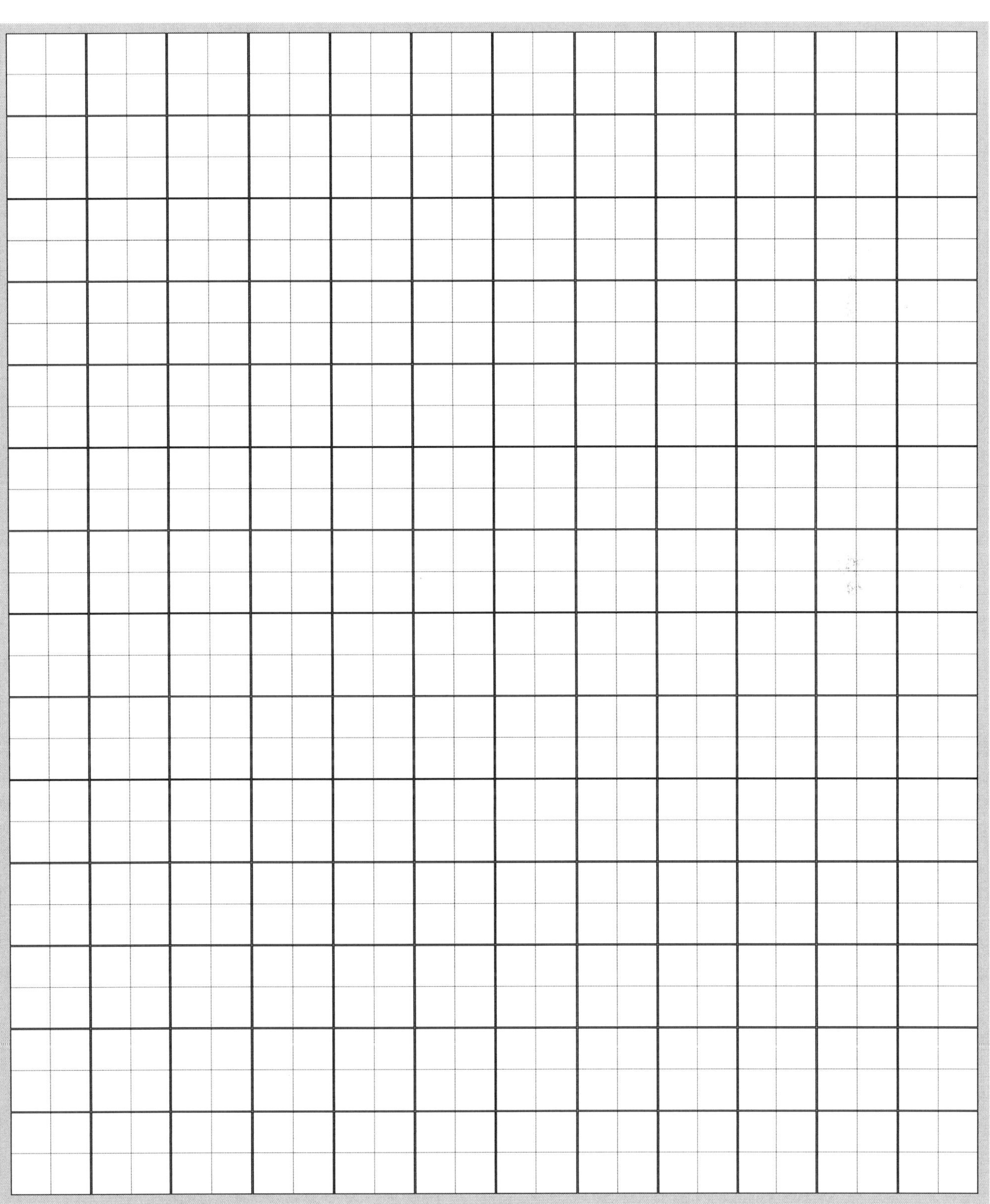

03 很忙的一天

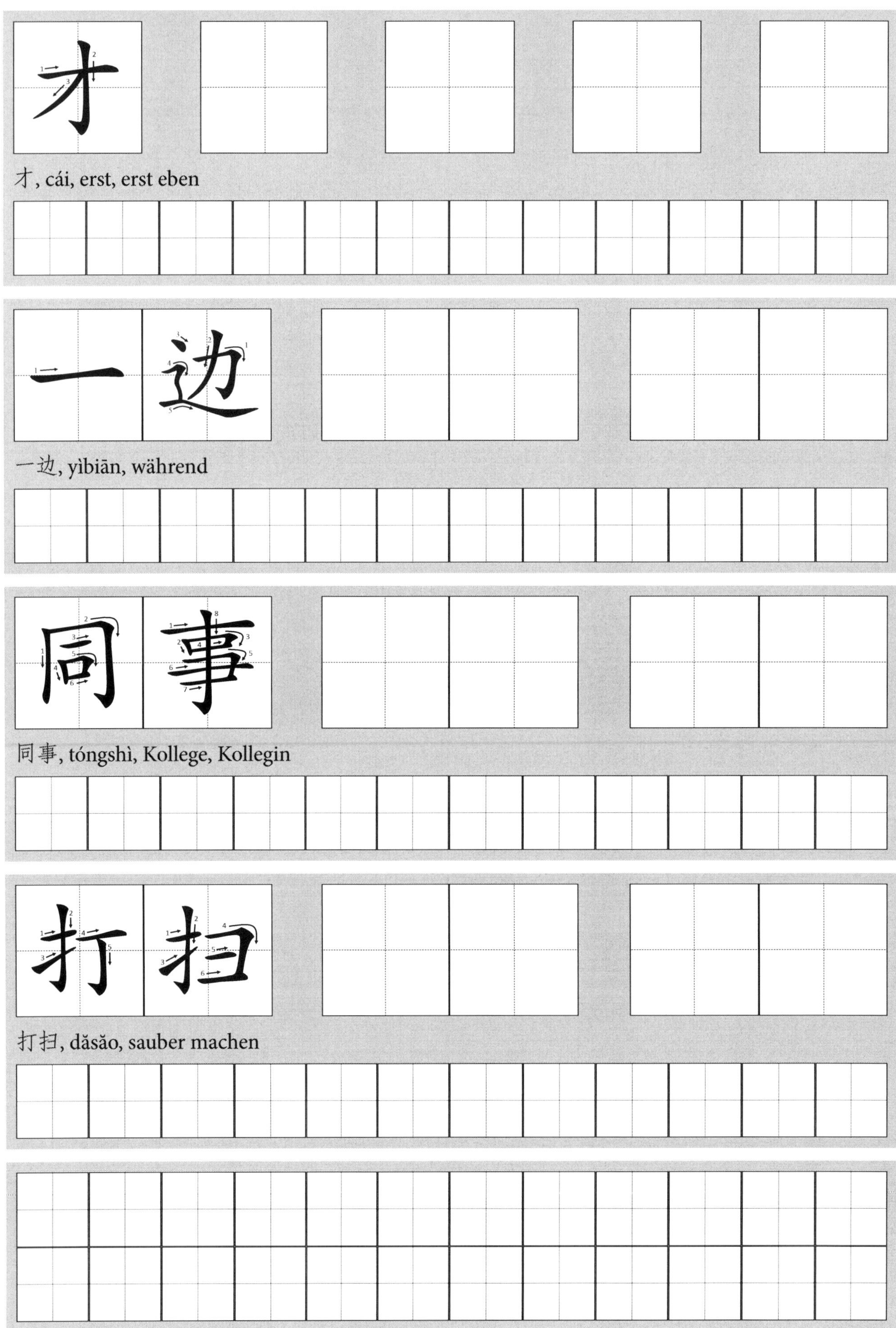

才, cái, erst, erst eben

一边, yìbiān, während

同事, tóngshì, Kollege, Kollegin

打扫, dăsăo, sauber machen

以前

以前, yǐqián, früher, vorher

帮忙

帮忙, bāng máng, helfen

拿

拿, ná, (in die Hand) nehmen, bringen

一会儿

一会儿, yíhuìr, eine kurze Weile

干净

干净, gānjìng, sauber (sein)

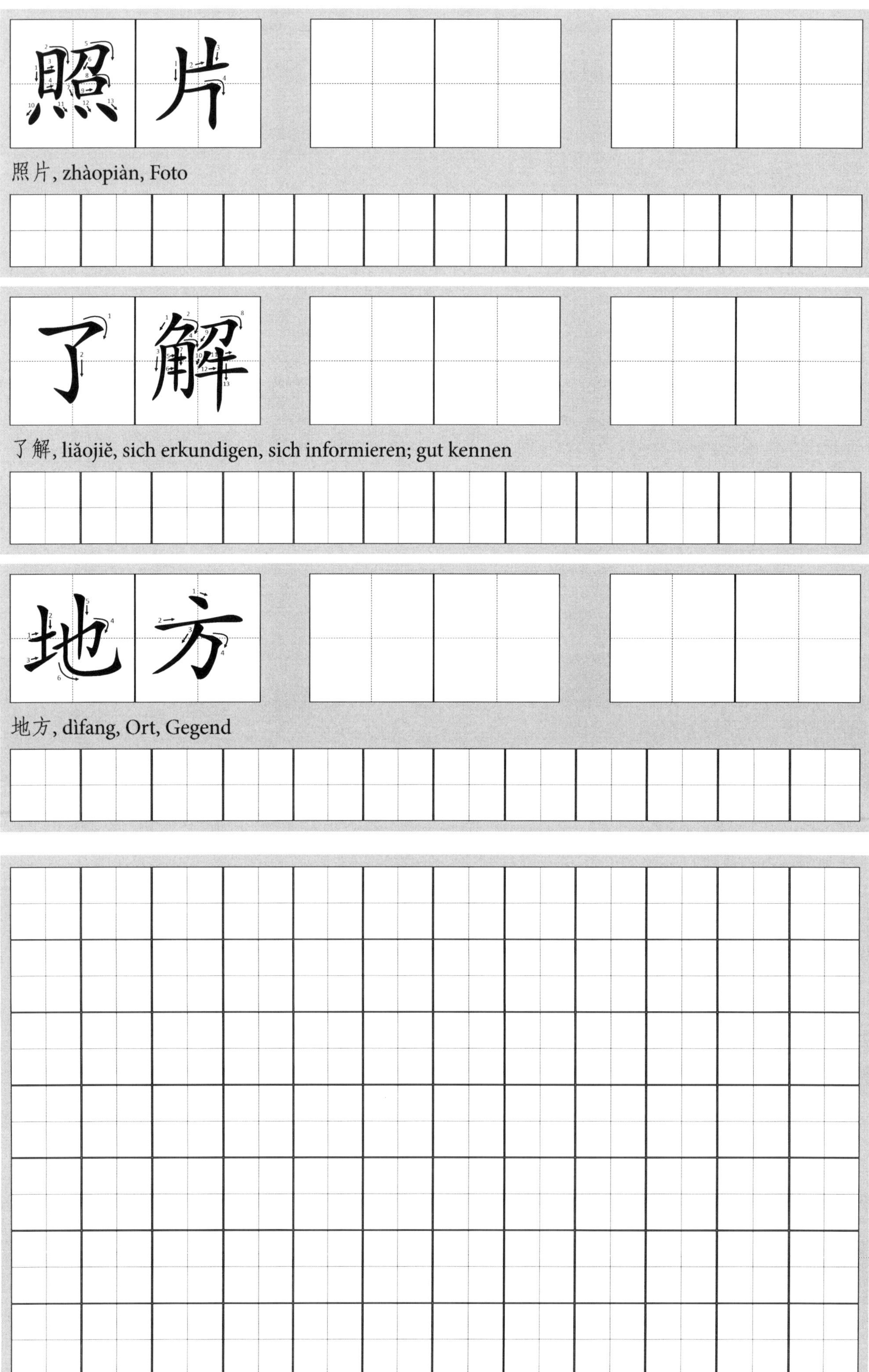

照片, zhàopiàn, Foto

了解, liǎojiě, sich erkundigen, sich informieren; gut kennen

地方, dìfang, Ort, Gegend

04 男人和女人

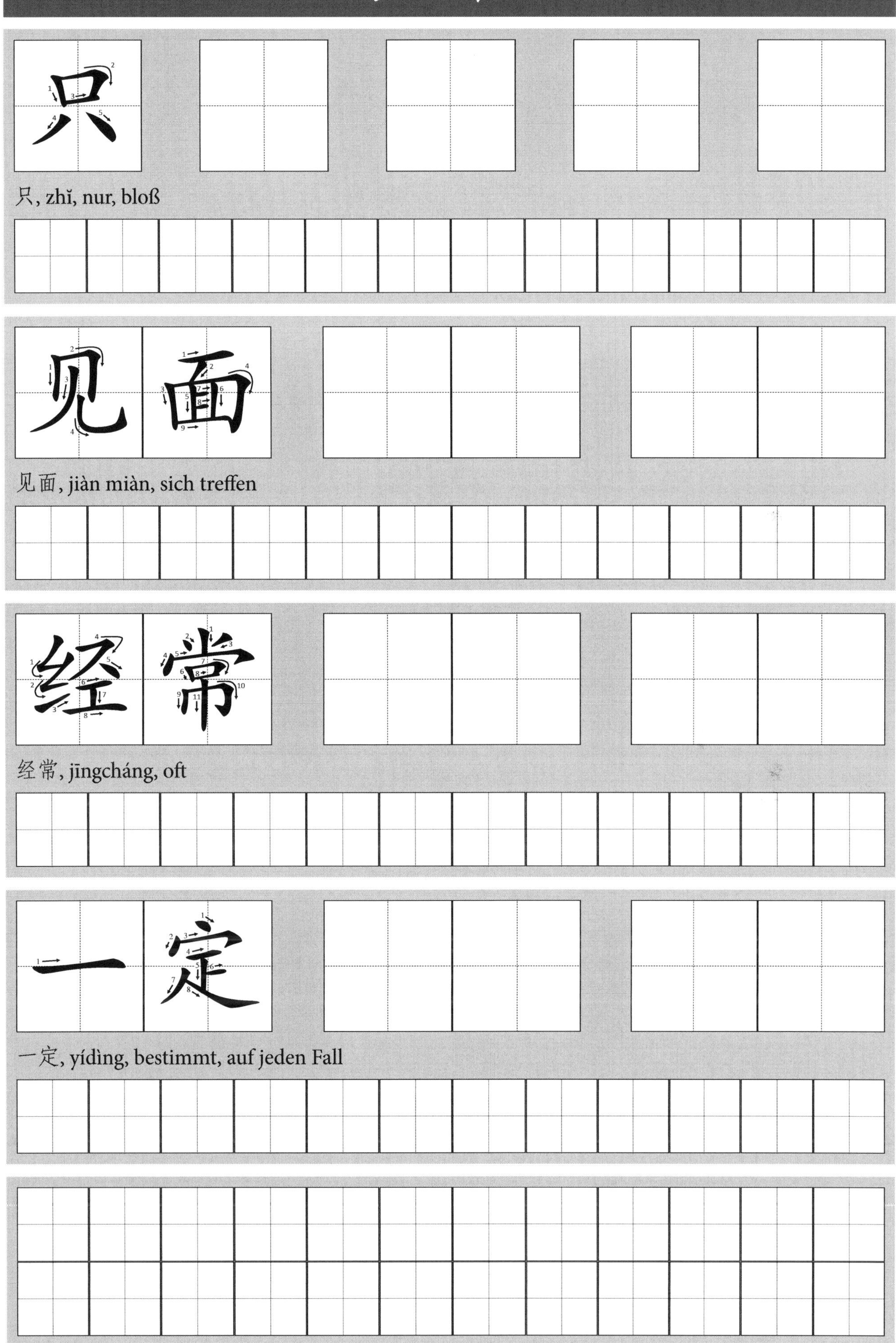

只, zhǐ, nur, bloß

见面, jiàn miàn, sich treffen

经常, jīngcháng, oft

一定, yídìng, bestimmt, auf jeden Fall

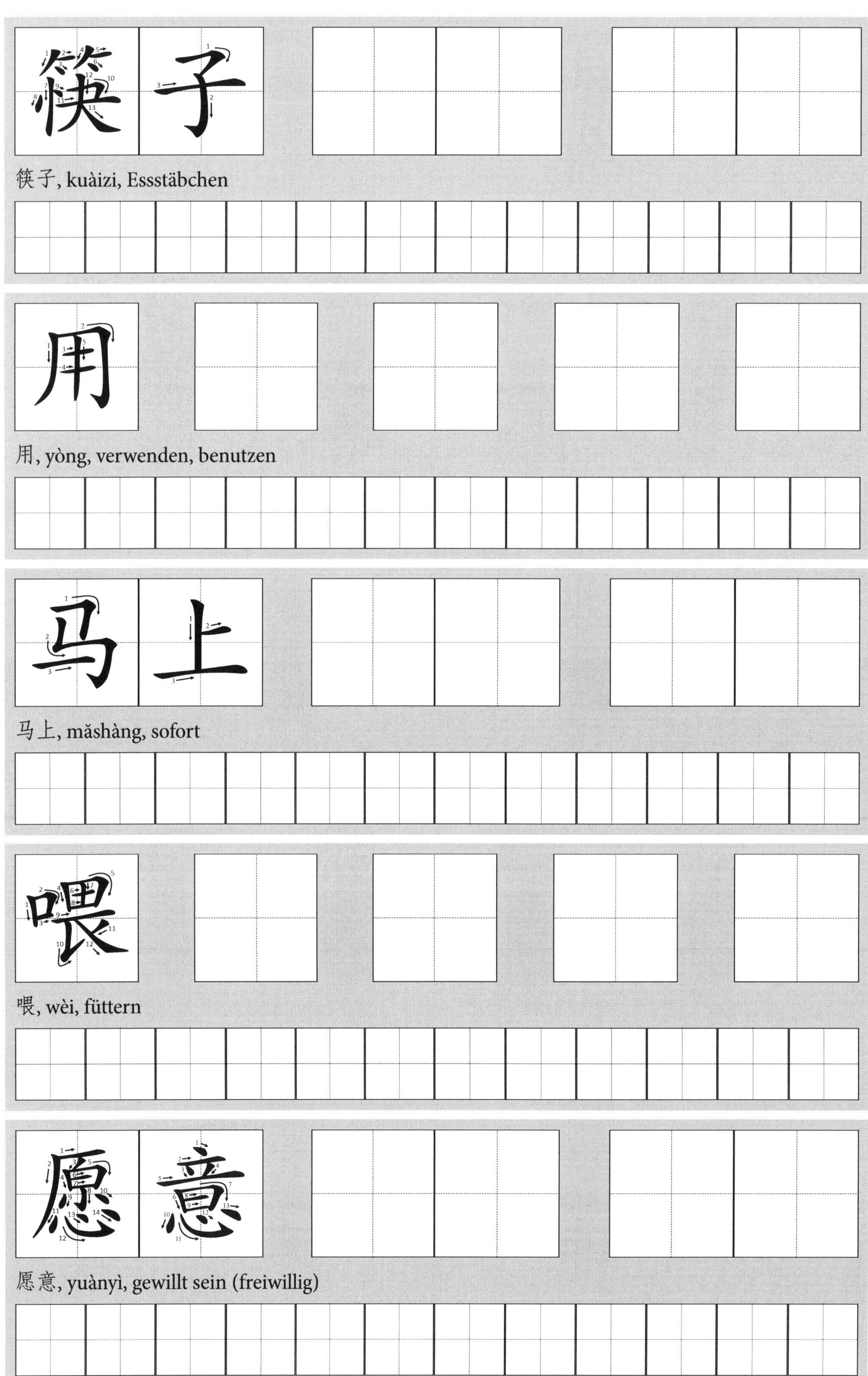

筷子, kuàizi, Essstäbchen

用, yòng, verwenden, benutzen

马上, mǎshàng, sofort

喂, wèi, füttern

愿意, yuànyì, gewillt sein (freiwillig)

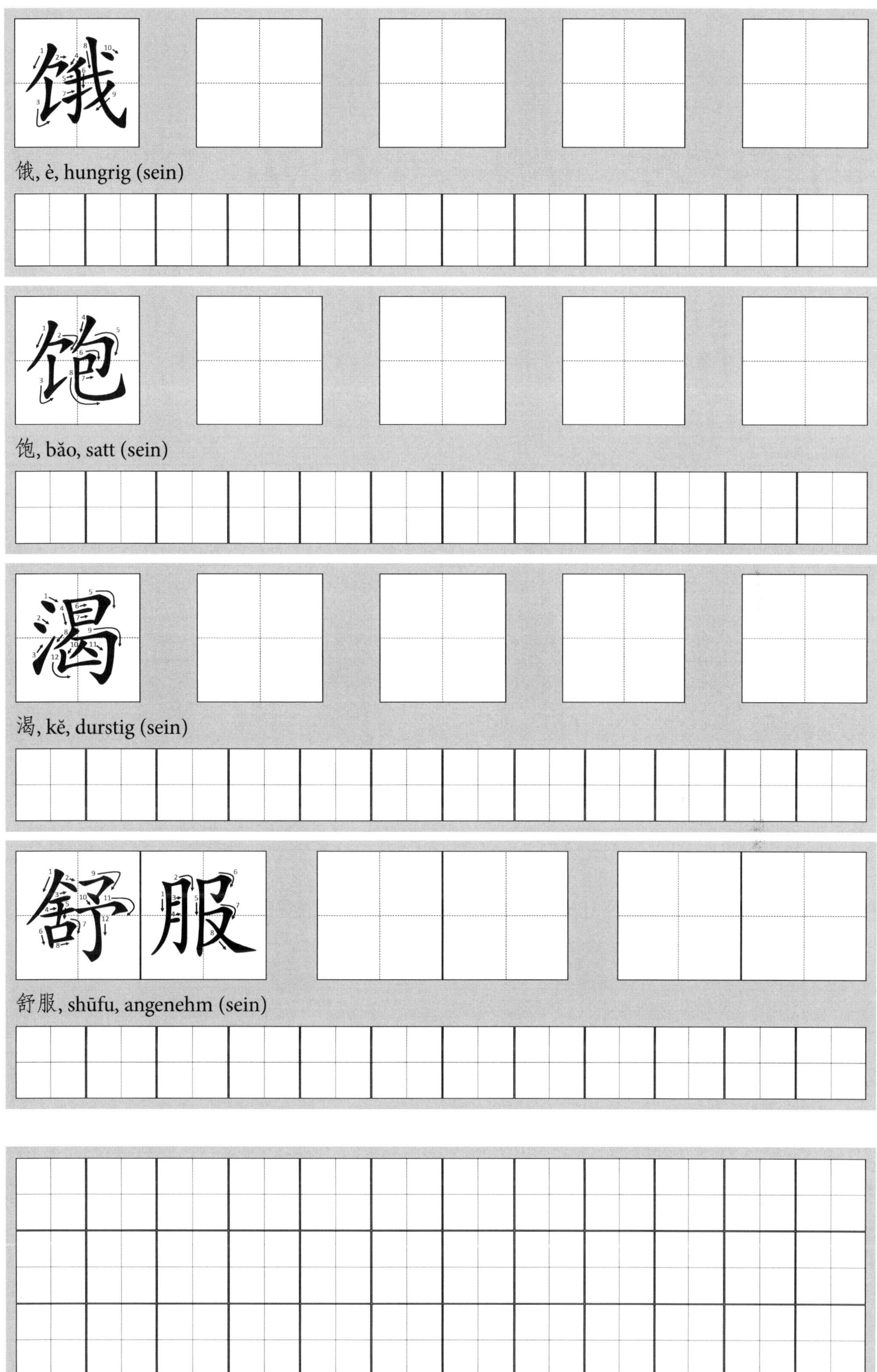

饿, è, hungrig (sein)

饱, bǎo, satt (sein)

渴, kě, durstig (sein)

舒服, shūfu, angenehm (sein)

05 “把”字的故事（一）

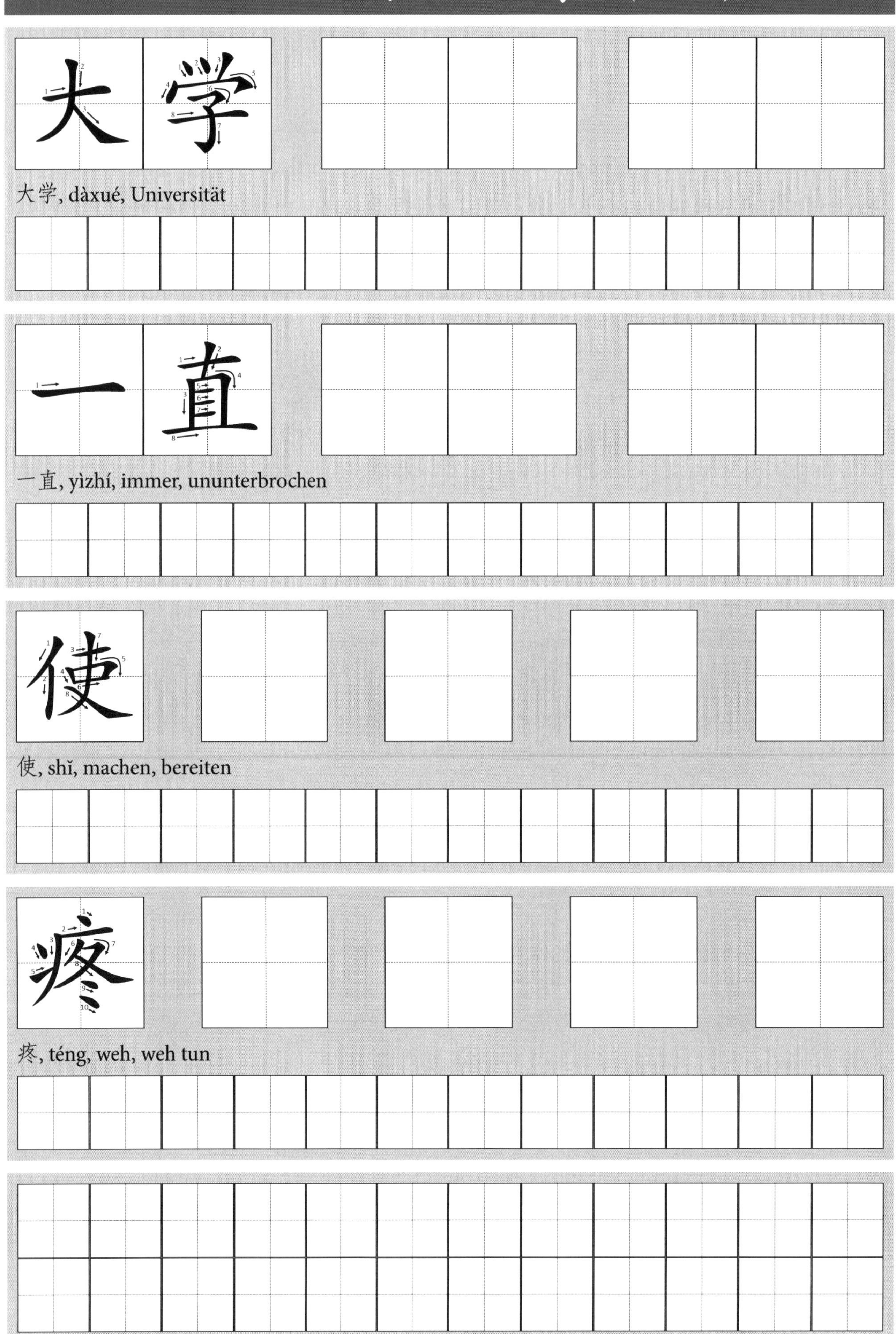

大学, dàxué, Universität

一直, yìzhí, immer, ununterbrochen

使, shǐ, machen, bereiten

疼, téng, weh, weh tun

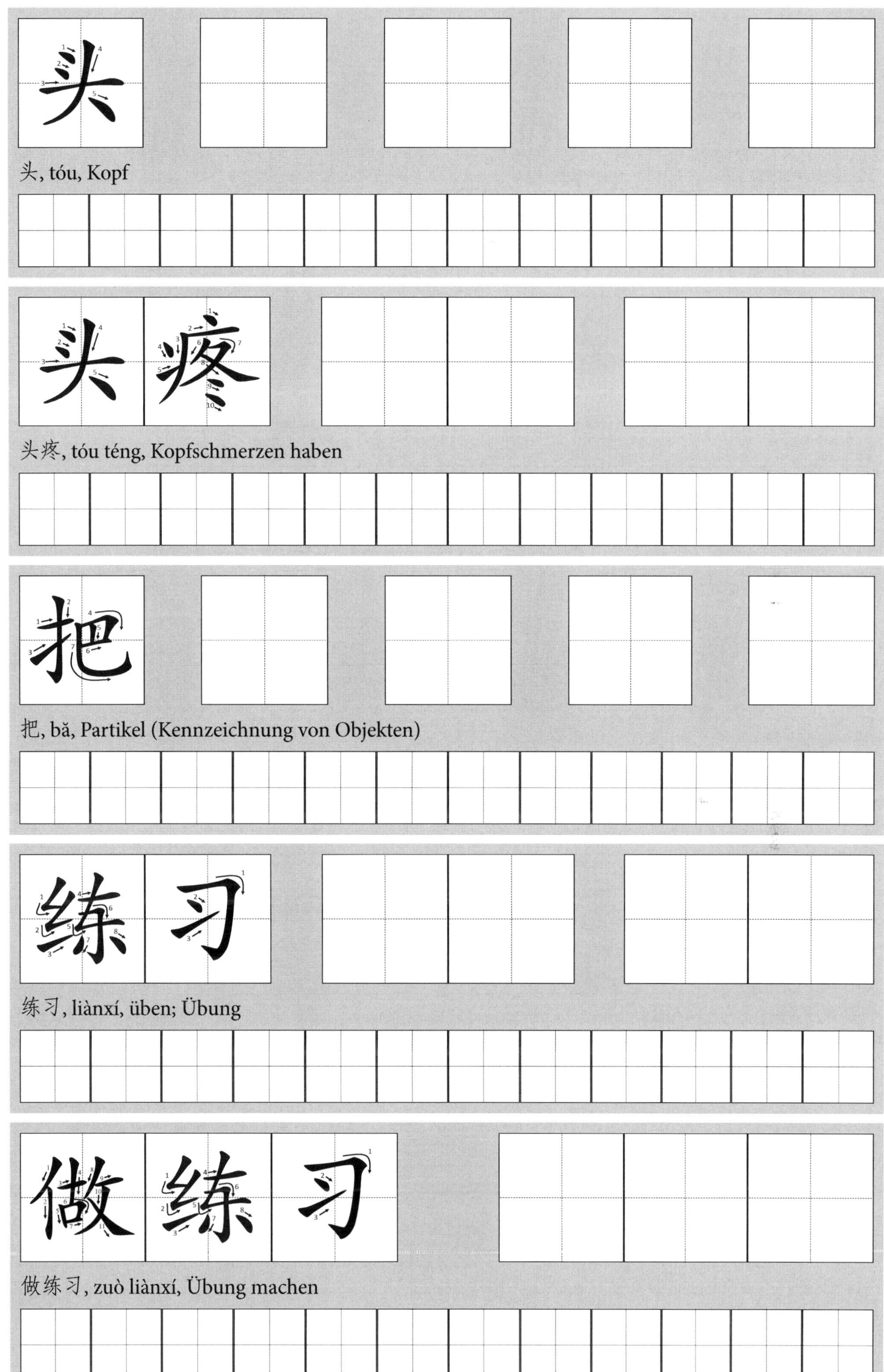

头, tóu, Kopf

头疼, tóu téng, Kopfschmerzen haben

把, bǎ, Partikel (Kennzeichnung von Objekten)

练习, liànxí, üben; Übung

做练习, zuò liànxí, Übung machen

又, yòu, schon wieder, noch zusätzlich

图书馆, túshūguǎn, Bibliothek

借, jiè, leihen

借给, jiègěi, jemandem ausleihen

办法, bànfǎ, Methode, Lösung

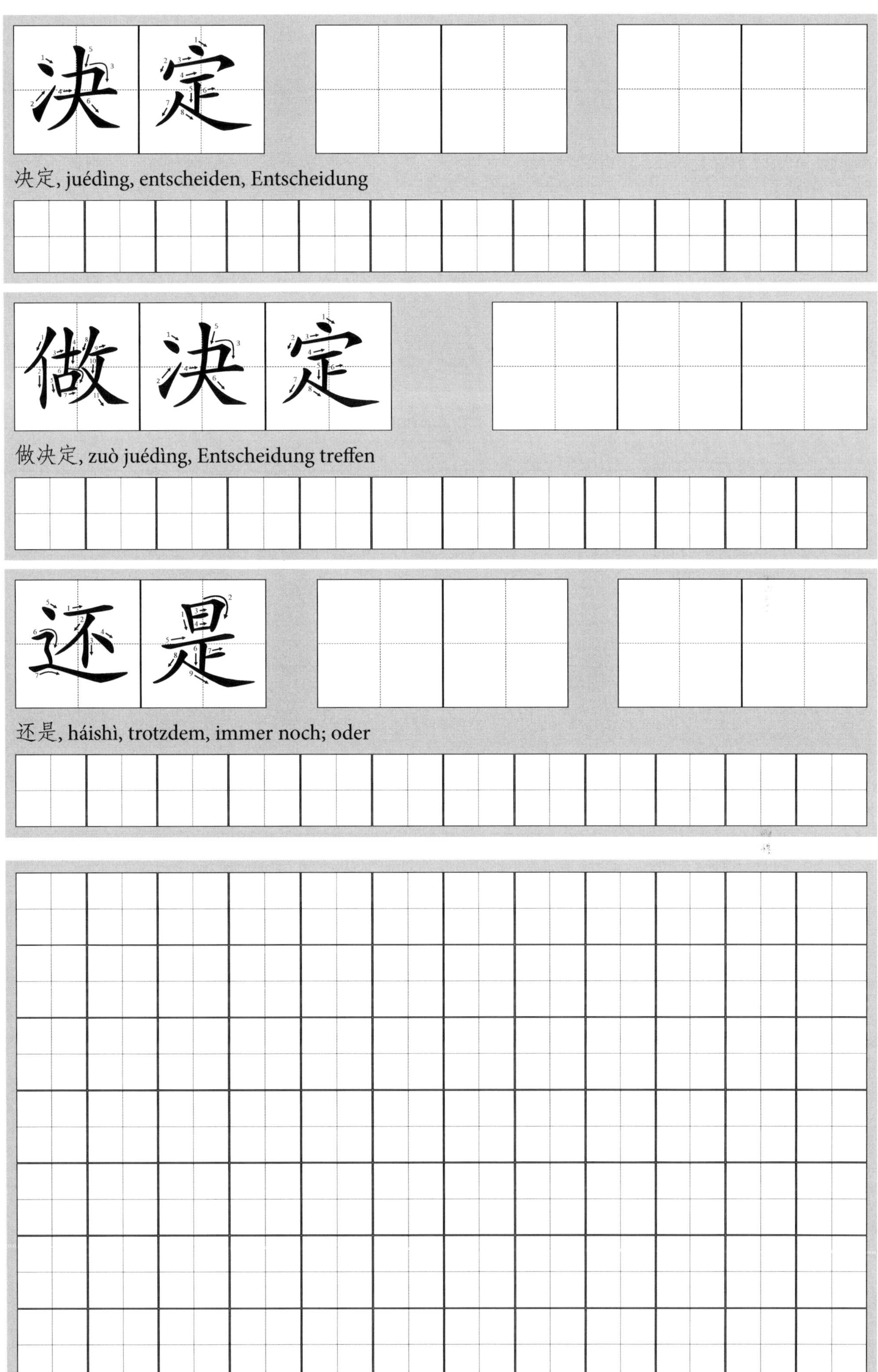

决定, juédìng, entscheiden, Entscheidung

做决定, zuò juédìng, Entscheidung treffen

还是, háishì, trotzdem, immer noch; oder

06 "把"字的故事（二）

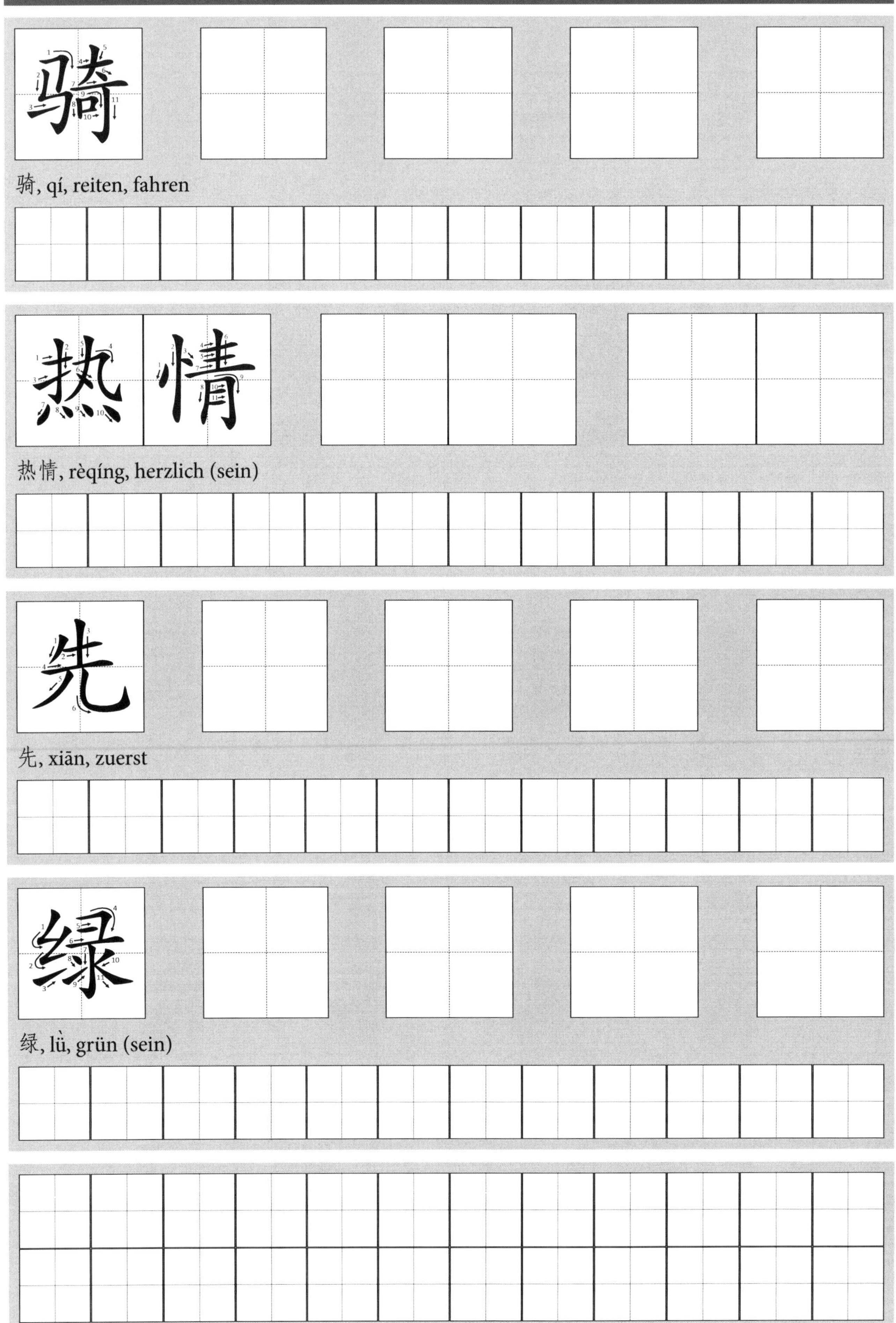

骑, qí, reiten, fahren

热情, rèqíng, herzlich (sein)

先, xiān, zuerst

绿, lǜ, grün (sein)

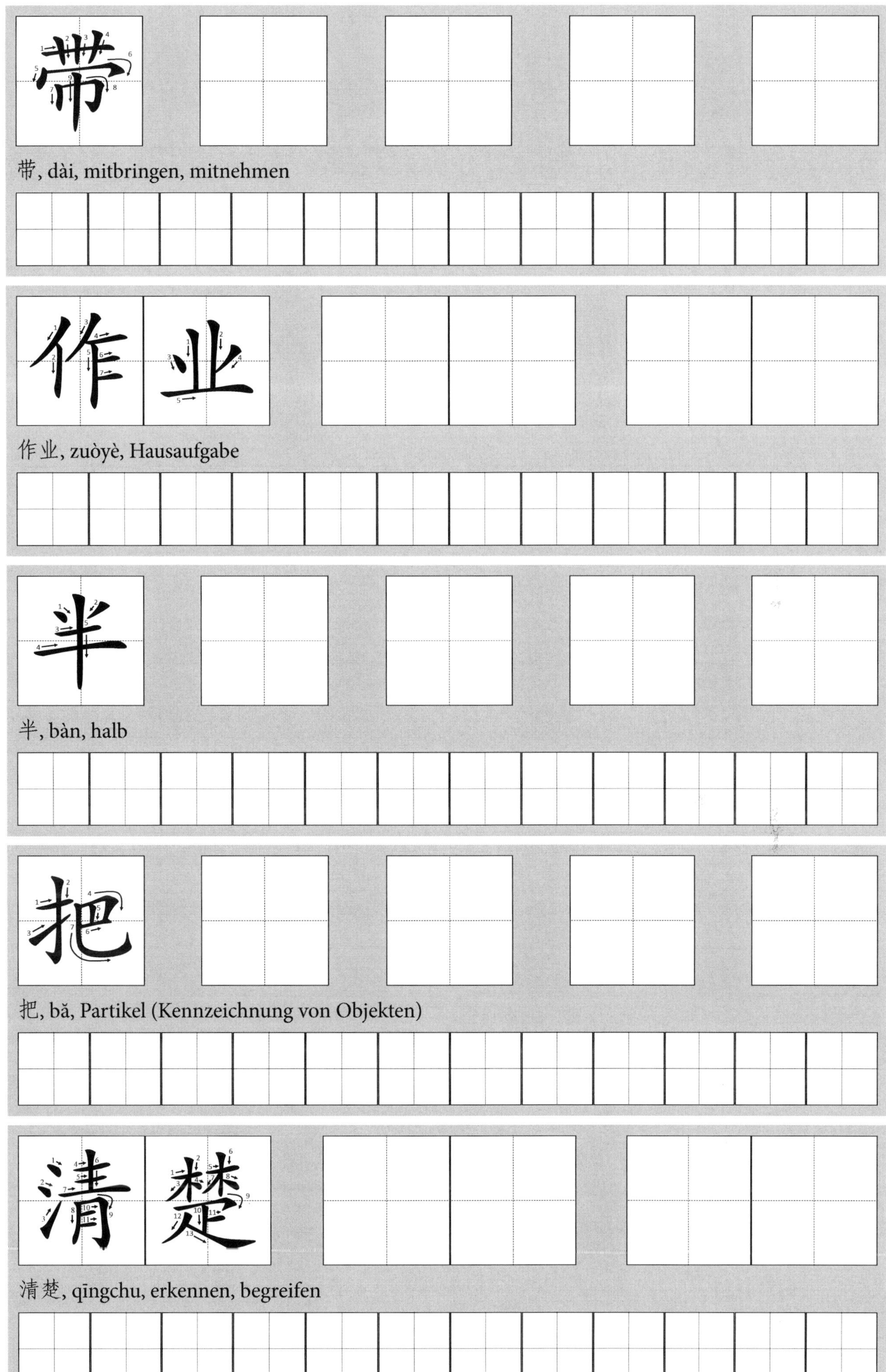

带, dài, mitbringen, mitnehmen

作业, zuòyè, Hausaufgabe

半, bàn, halb

把, bǎ, Partikel (Kennzeichnung von Objekten)

清楚, qīngchu, erkennen, begreifen

清楚, qīngchu, deutlich, klar (sein)

句子, jùzi, Satz

着急, zháojí, besorgt sein, sich aufregen; eilig, dringend (sein)

为, wèi, für

然后, ránhòu, dann

07 "把"字的故事（三）

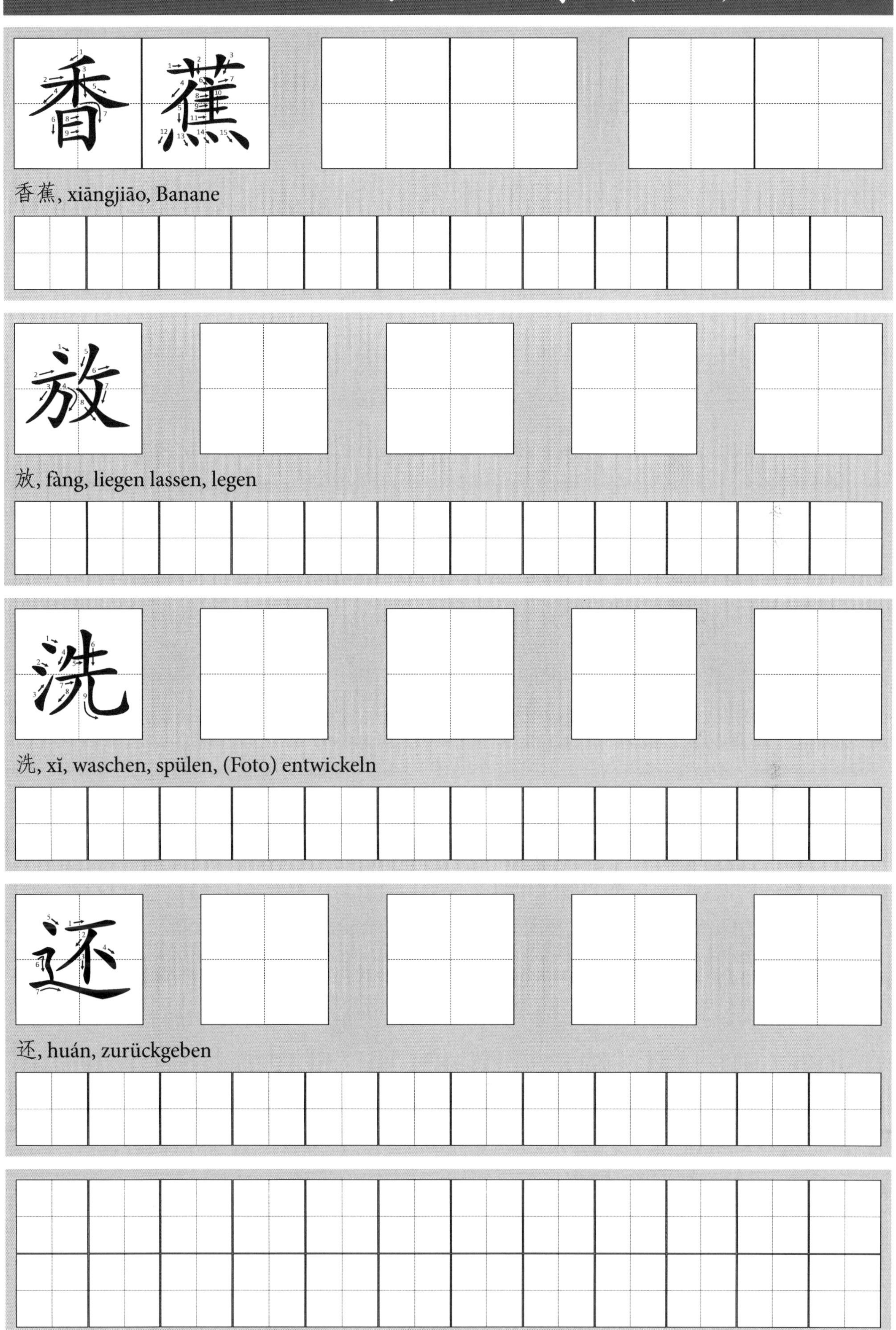

香蕉
香蕉, xiāngjiāo, Banane
放
放, fàng, liegen lassen, legen
洗
洗, xǐ, waschen, spülen, (Foto) entwickeln
还
还, huán, zurückgeben

明白, míngbai, verstehen, nachvollziehen; verständlich, klar, nachvollziehbar

可爱, kě'ài, niedlich (sein)

一般, yìbān, üblicherweise, normalerweise

表示, biǎoshì, zeigen, ausdrücken, äußern

结果, jiēguǒ, Ergebnis

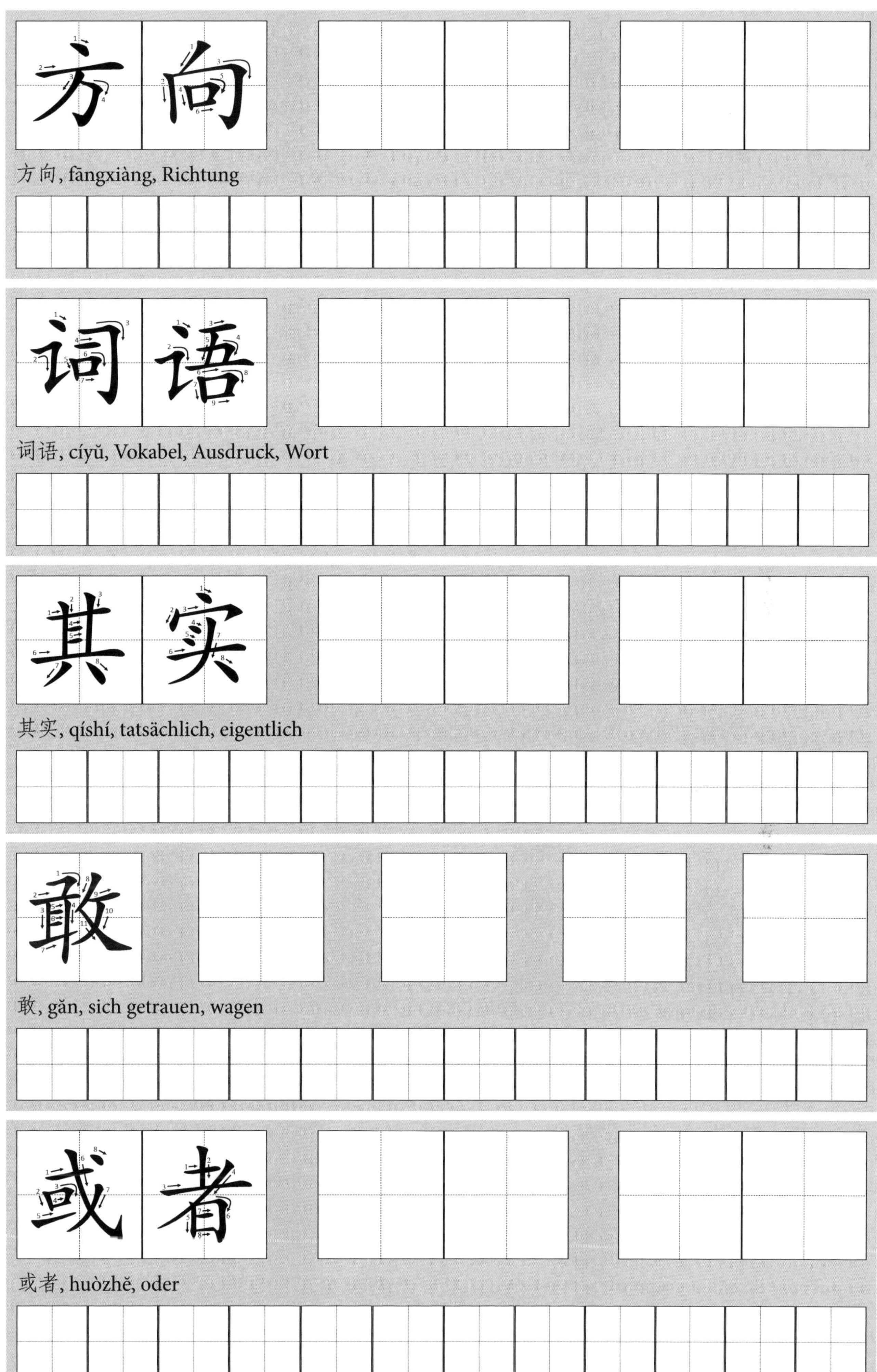

方向, fāngxiàng, Richtung

词语, cíyǔ, Vokabel, Ausdruck, Wort

其实, qíshí, tatsächlich, eigentlich

敢, gǎn, sich getrauen, wagen

或者, huòzhě, oder

08 妻子和裙子

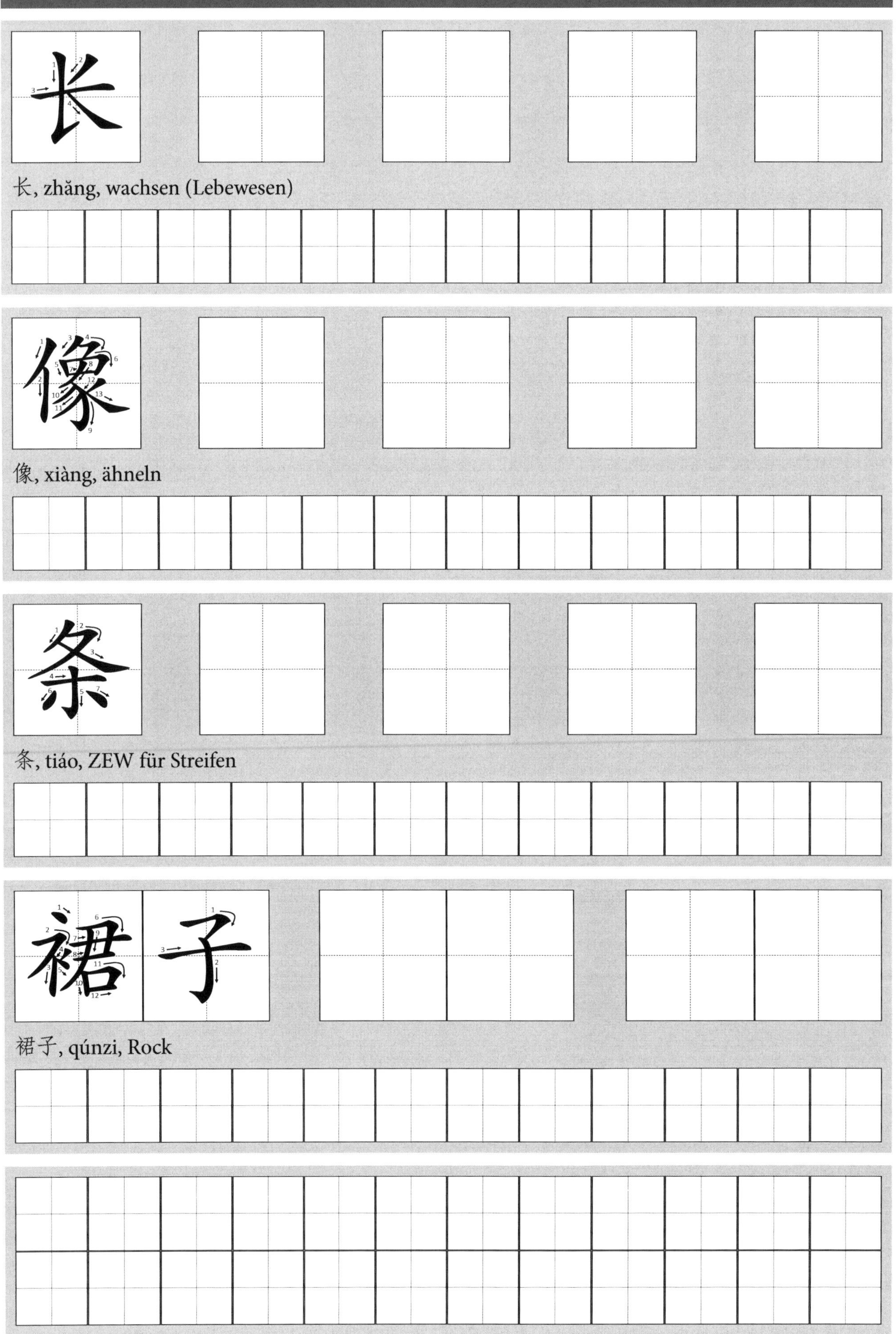

长, zhǎng, wachsen (Lebewesen)

像, xiàng, ähneln

条, tiáo, ZEW für Streifen

裙子, qúnzi, Rock

一般, yìbān, normal, durchschnittlich (sein)

而且, érqiě, und auch, und außerdem

结婚, jié hūn, heiraten

胖, pàng, dick (sein)

付钱, fù qián, bezahlen

发现, fāxiàn, herausfinden, entdecken

信用卡, xìnyòngkǎ, Kreditkarte

终于, zhōngyú, endlich

以为, yǐwéi, glauben, denken

奇怪, qíguài, seltsam (sein), komisch (sein)

09 怎么让孩子在家接电话

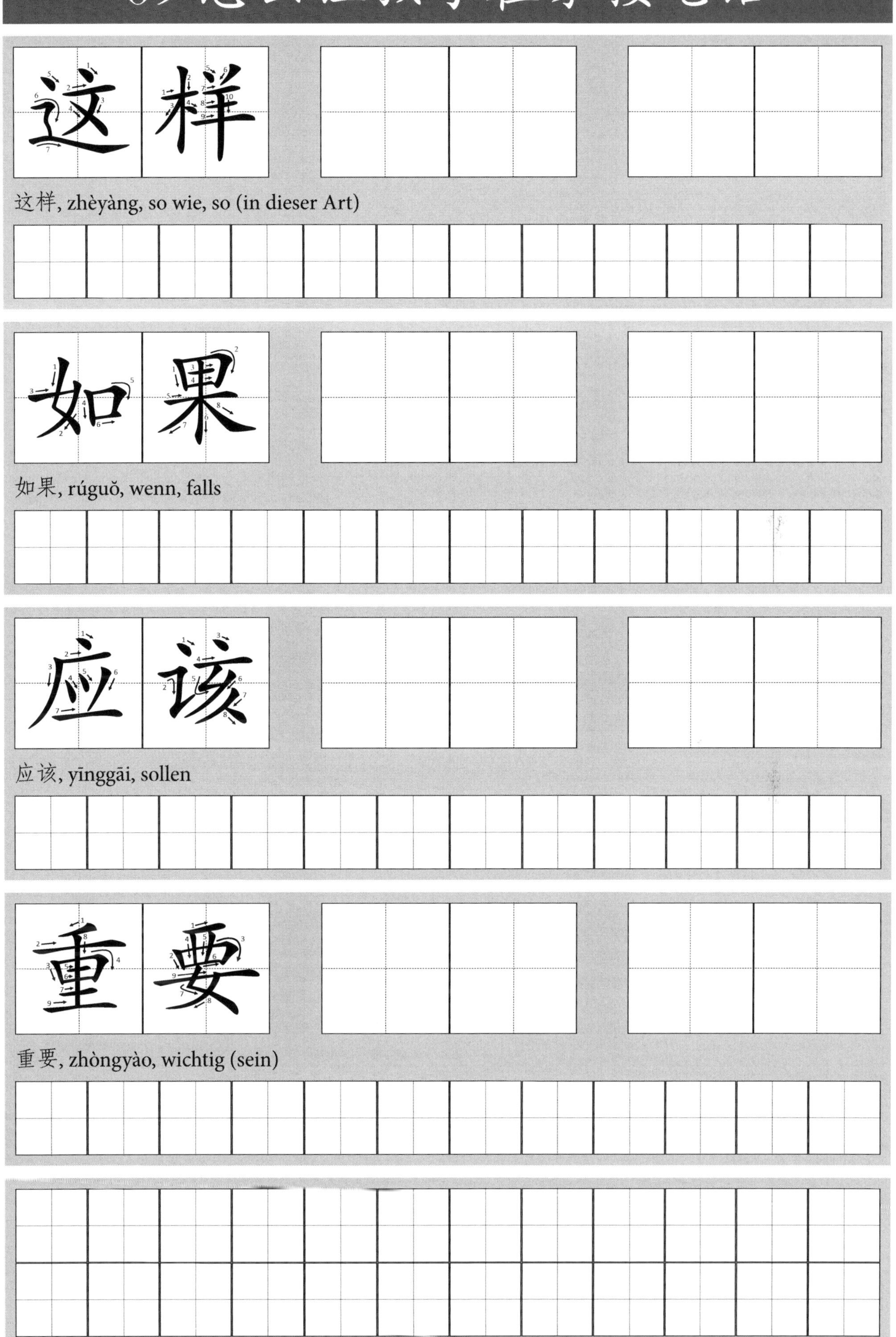

这样, zhèyàng, so wie, so (in dieser Art)

如果, rúguǒ, wenn, falls

应该, yīnggāi, sollen

重要, zhòngyào, wichtig (sein)

别人, biéren, andere (Menschen)

突然, tūrán, plötzlich

习惯, xíguàn, sich an etwas gewöhnen; gewöhnt sein

习惯, xíguàn, Gewohnheit

响, xiǎng, klingeln

响, xiǎng, laut (sein)

为了, wèile, um zu, damit

其他, qítā, anderer, -e, -es

客人, kèrén, Gast

方便, fāngbiàn, praktisch (sein), bequem (sein)

10 办签证

办, bàn, erledigen

签证, qiānzhèng, Visum

邻居, línjū, Nachbar, -in

关系, guānxi, Beziehung, Verhältnis

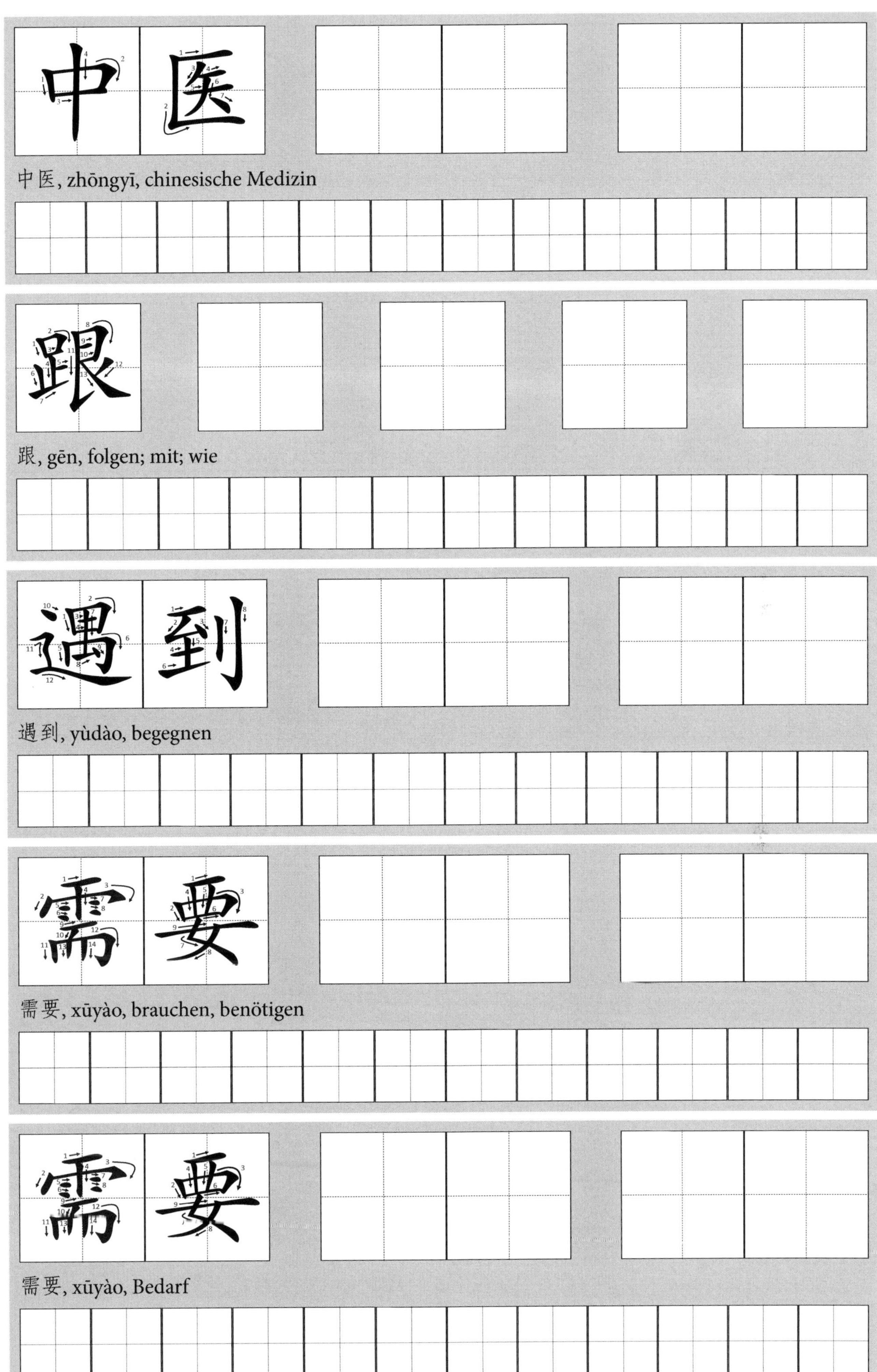

中医, zhōngyī, chinesische Medizin

跟, gēn, folgen; mit; wie

遇到, yùdào, begegnen

需要, xūyào, brauchen, benötigen

需要, xūyào, Bedarf

检查, jiǎnchá, nachprüfen, kontrollieren

护照, hùzhào, Reisepass

大使馆, dàshǐguǎn, Botschaft

特别, tèbié, besonders, außergewöhnlich (sein)

一样, yíyàng, gleich (sein)

11 写给爷爷奶奶的信

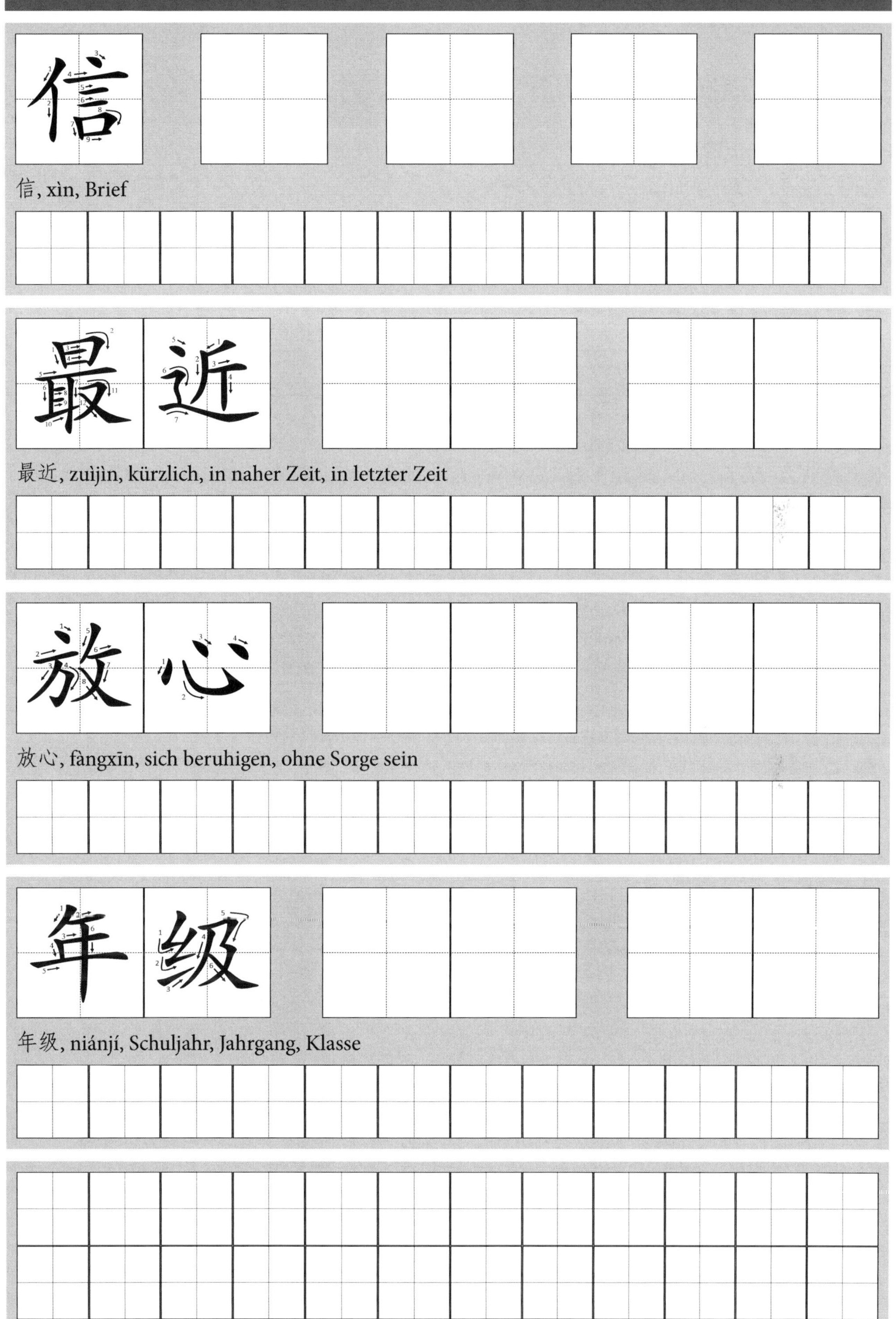

信, xìn, Brief

最近, zuìjìn, kürzlich, in naher Zeit, in letzter Zeit

放心, fàngxīn, sich beruhigen, ohne Sorge sein

年级, niánjí, Schuljahr, Jahrgang, Klasse

放学, fàng xué, Schule aus sein

黑板, hēibǎn, Tafel

动, dòng, sich bewegen, bewegen

分数, fēnshù, Note, Prüfungsergebnis

数学, shùxué, Mathematik

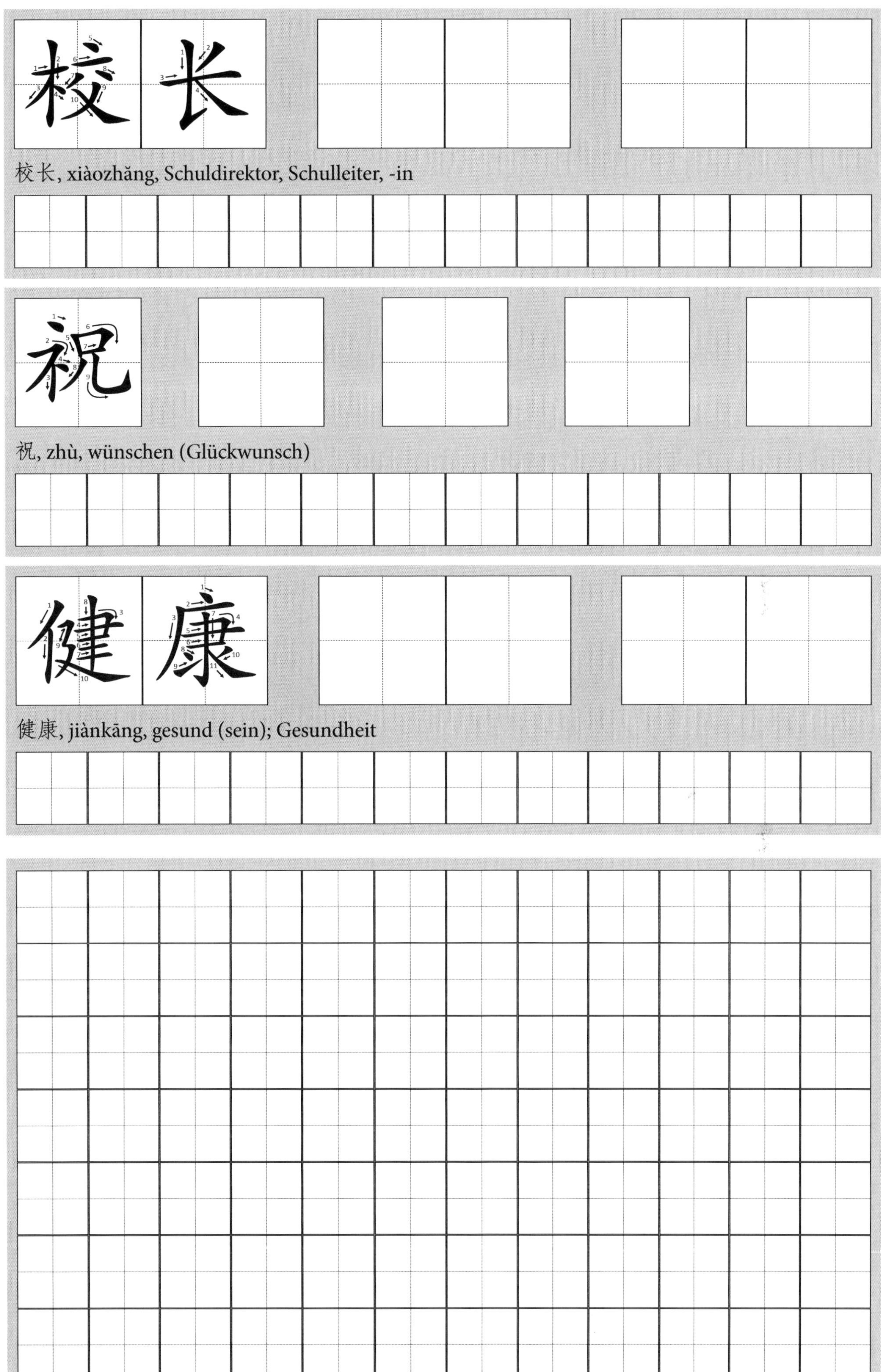

校长, xiàozhǎng, Schuldirektor, Schulleiter, -in

祝, zhù, wünschen (Glückwunsch)

健康, jiànkāng, gesund (sein); Gesundheit

12 三只小熊去游泳

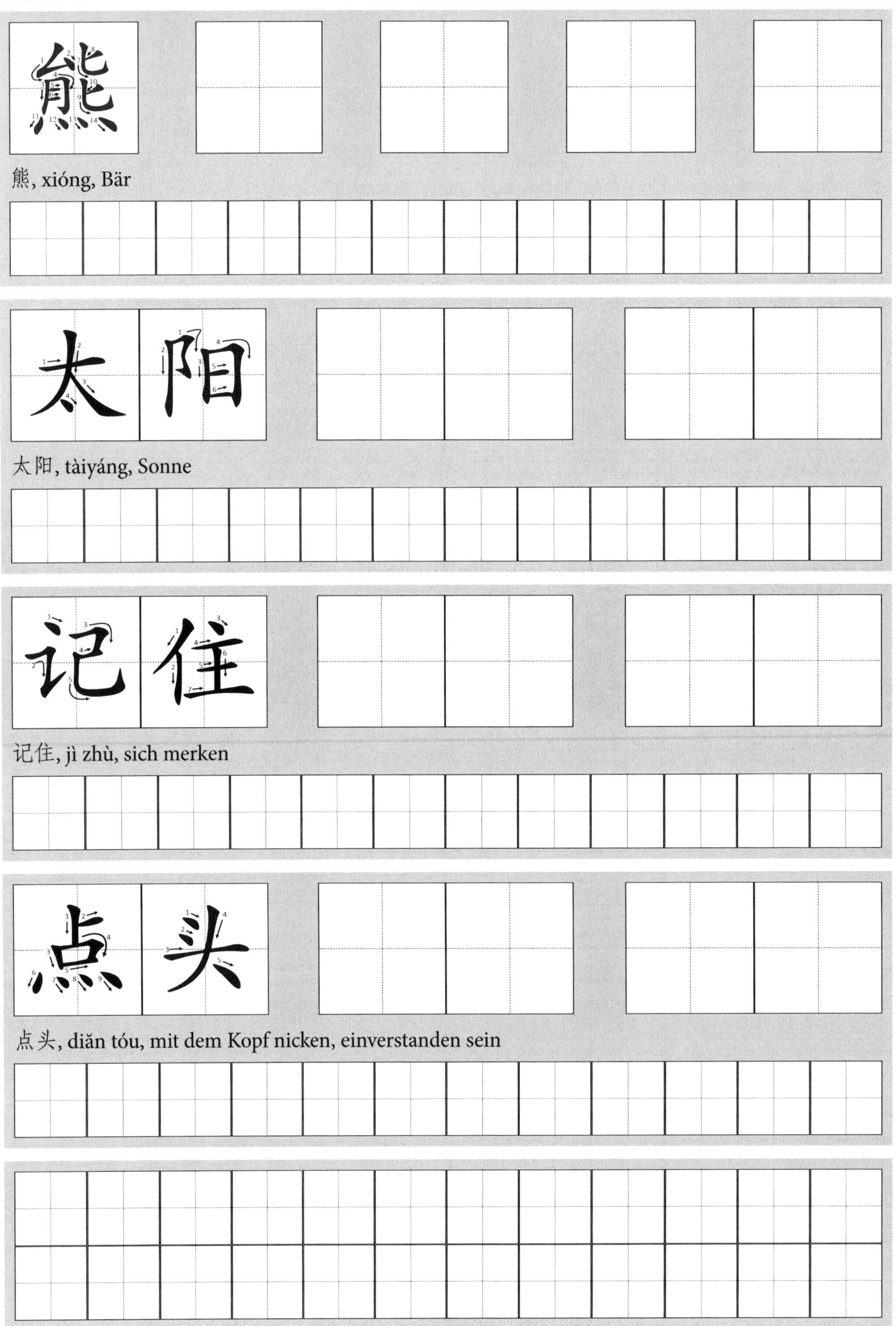

熊, xióng, Bär

太阳, tàiyáng, Sonne

记住, jì zhù, sich merken

点头, diǎn tóu, mit dem Kopf nicken, einverstanden sein

熊猫, xióngmāo, Panda

河, hé, Fluss

鼻子, bízi, Nase

大象, dàxiàng, Elefant

草地, cǎodì, Wiese

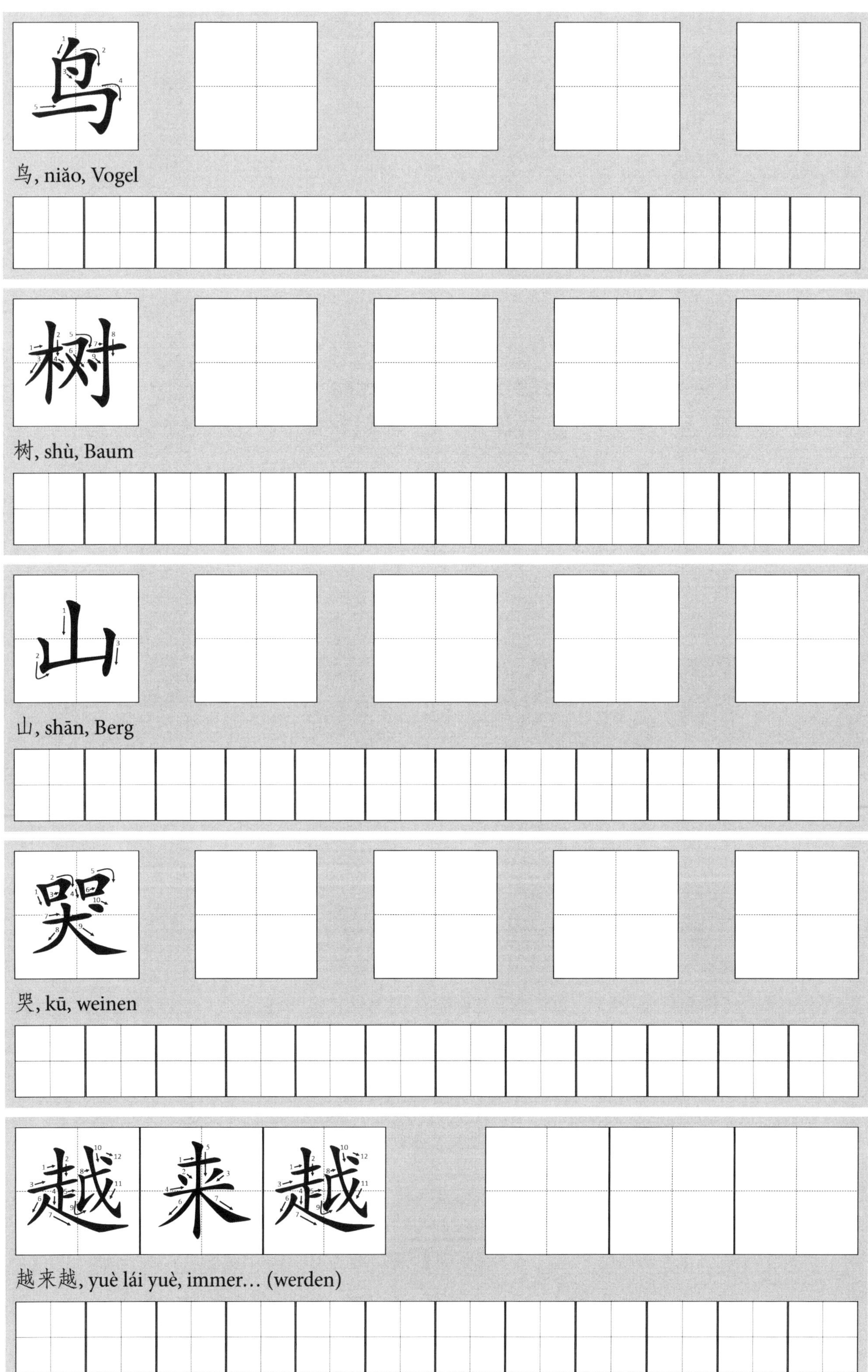

鸟, niǎo, Vogel

树, shù, Baum

山, shān, Berg

哭, kū, weinen

越来越, yuè lái yuè, immer… (werden)

越 越

越… 越…, yuè… yuè…, je mehr…, desto…

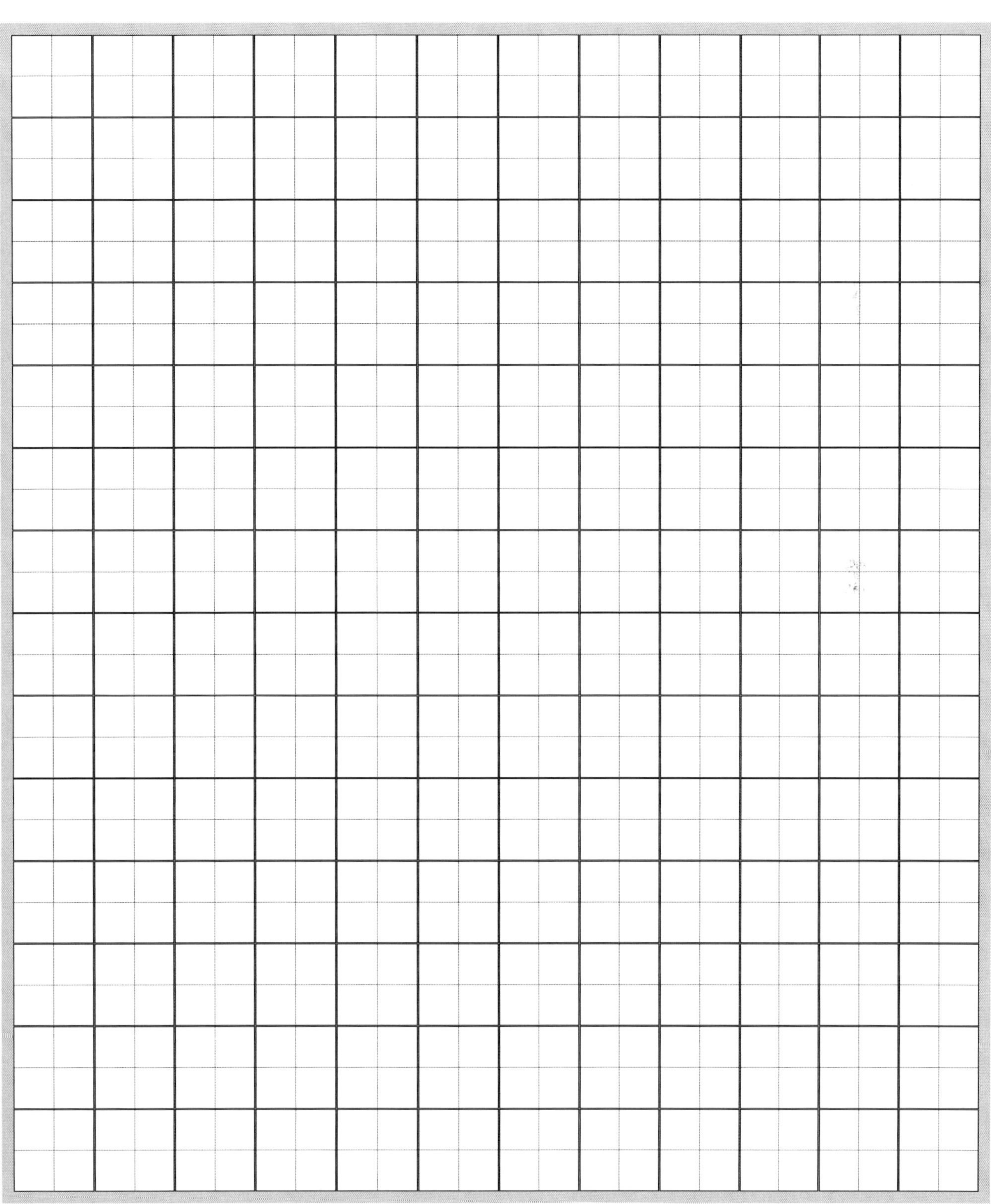

13 小李的新家

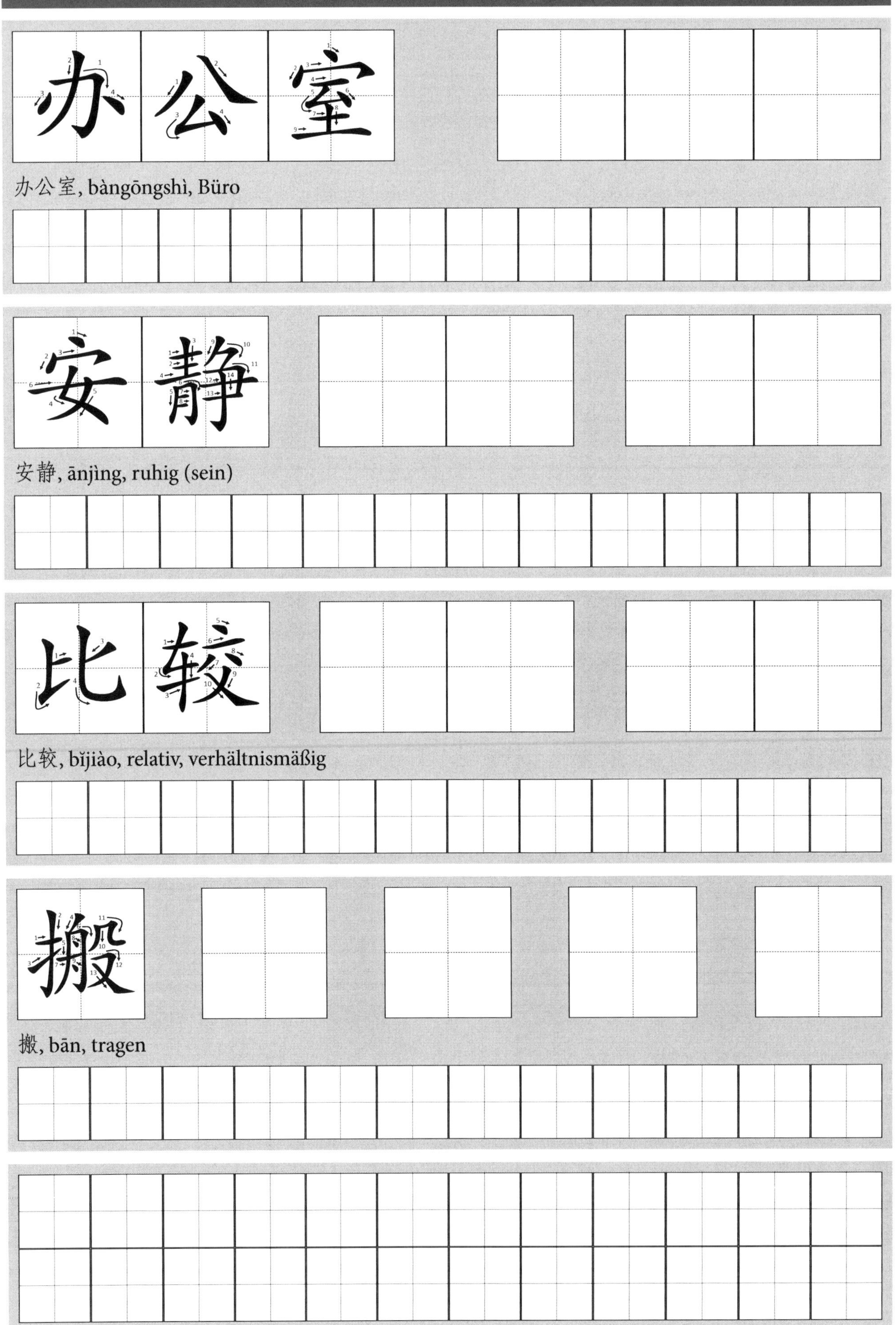

办公室, bàngōngshì, Büro

安静, ānjìng, ruhig (sein)

比较, bǐjiào, relativ, verhältnismäßig

搬, bān, tragen

迟到, chídào, sich verspäten

车站, chēzhàn, Bushaltestelle

面包, miànbāo, Brot

地图, dìtú, Landkarte, Stadtplan

客厅, kètīng, Wohnzimmer

洗澡, xǐ zǎo, duschen

厨房, chúfáng, Küche

阳台, yángtái, Balkon

花, huā, Blume

花园, huāyuán, Blumengarten

14 朋友来玩

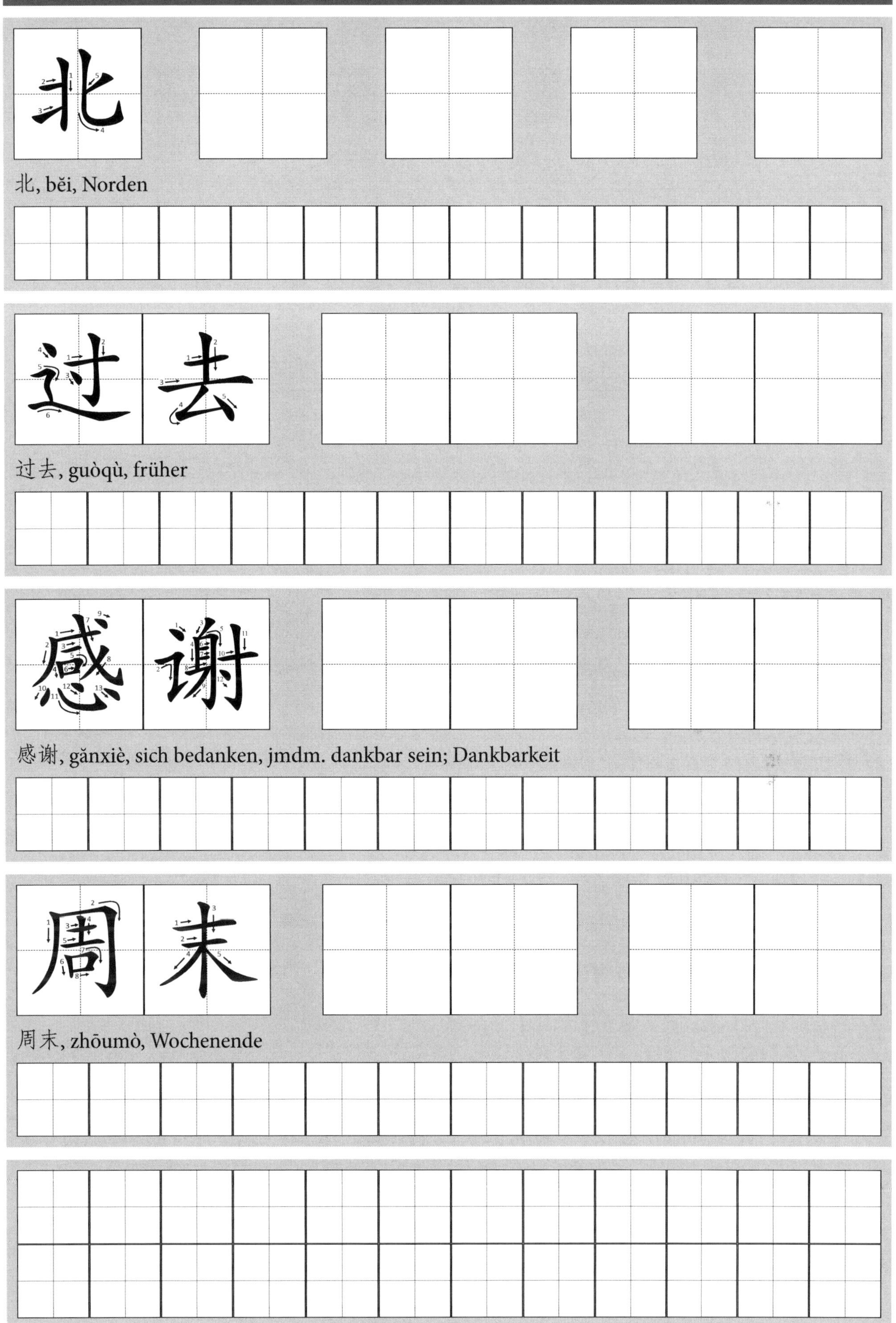

北, běi, Norden

过去, guòqù, früher

感谢, gǎnxiè, sich bedanken, jmdm. dankbar sein; Dankbarkeit

周末, zhōumò, Wochenende

打算, dǎsuàn, vorhaben, planen

动物园, dòngwùyuán, Zoo, Tiergarten

城市, chéngshì, Stadt

有名, yǒumíng, bekannt (sein)

南, nán, Süden

西, xī, Westen

地铁, dìtiě, U-Bahn

比较, bǐjiào, vergleichen; Vergleich

同意, tóngyì, einverstanden sein

东, dōng, Osten

15 早饭时候的话题

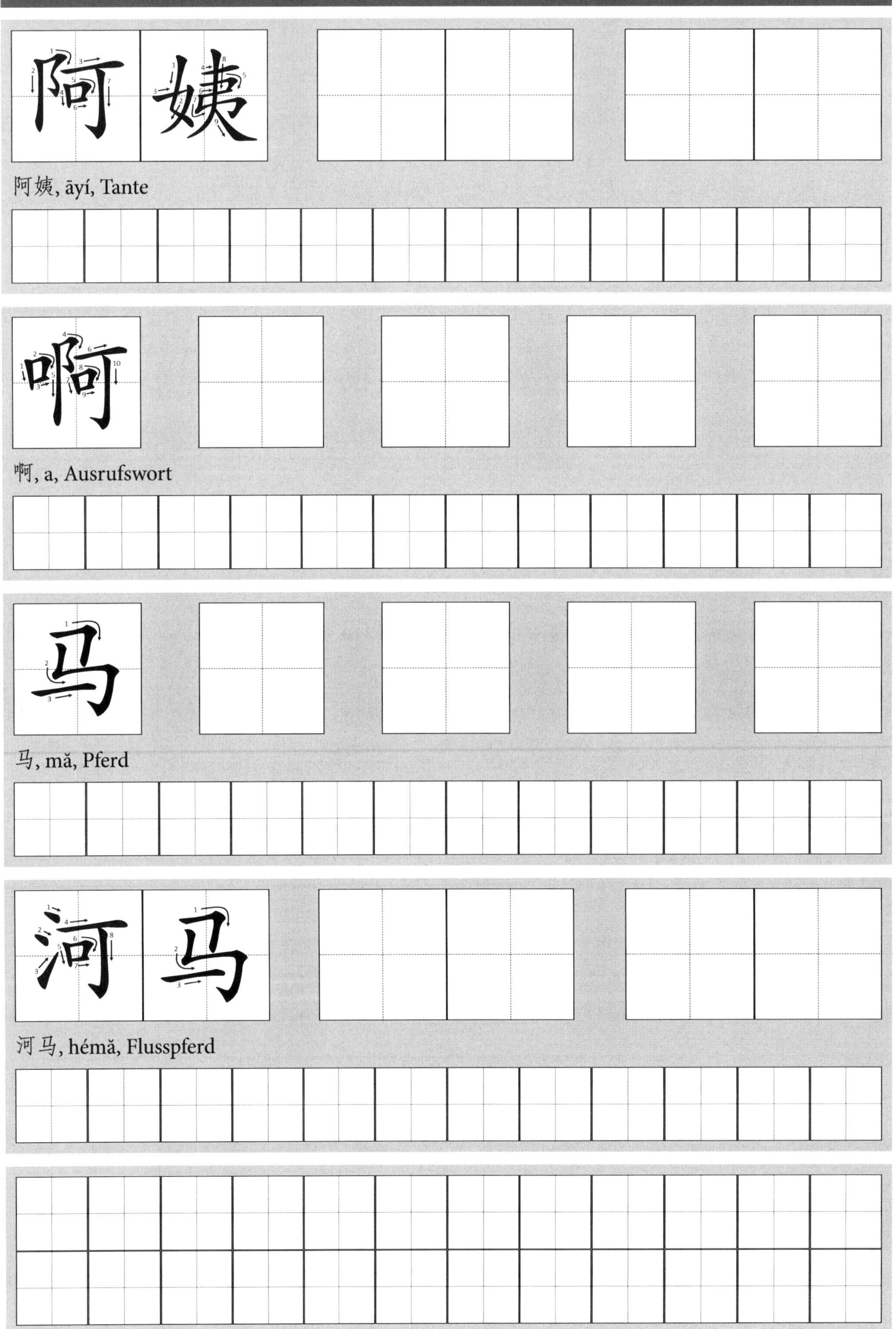

阿姨, āyí, Tante

啊, a, Ausrufswort

马, mǎ, Pferd

河马, hémǎ, Flusspferd

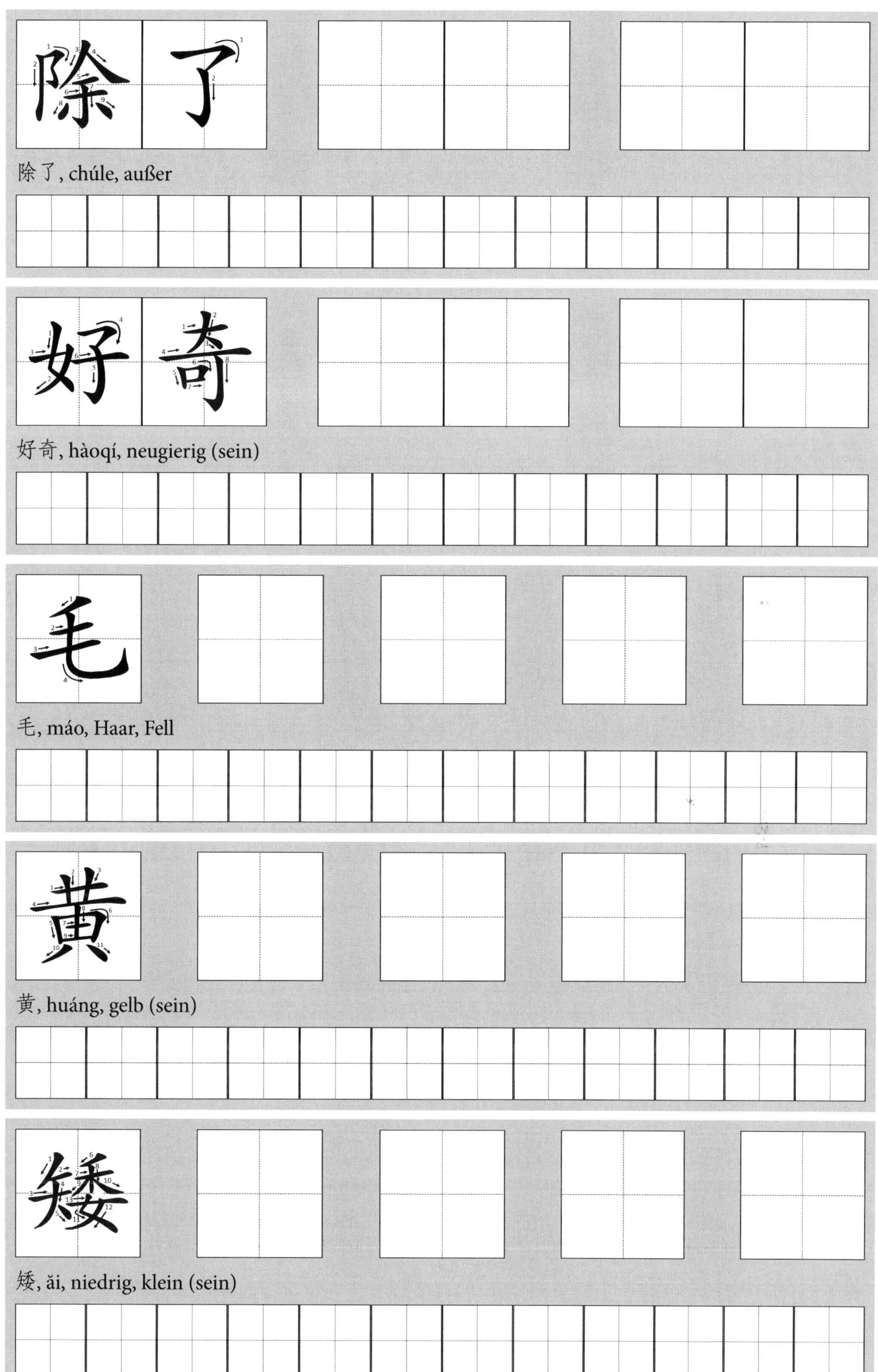

除了, chúle, außer

好奇, hàoqí, neugierig (sein)

毛, máo, Haar, Fell

黄, huáng, gelb (sein)

矮, ǎi, niedrig, klein (sein)

种, zhǒng, Art, Sorte

害怕, hàipà, Angst haben

表演, biǎoyǎn, aufführen; Aufführung

节目, jiémù, Programm

结束, jiéshù, beenden, zu Ende sein

16 汉语的方便

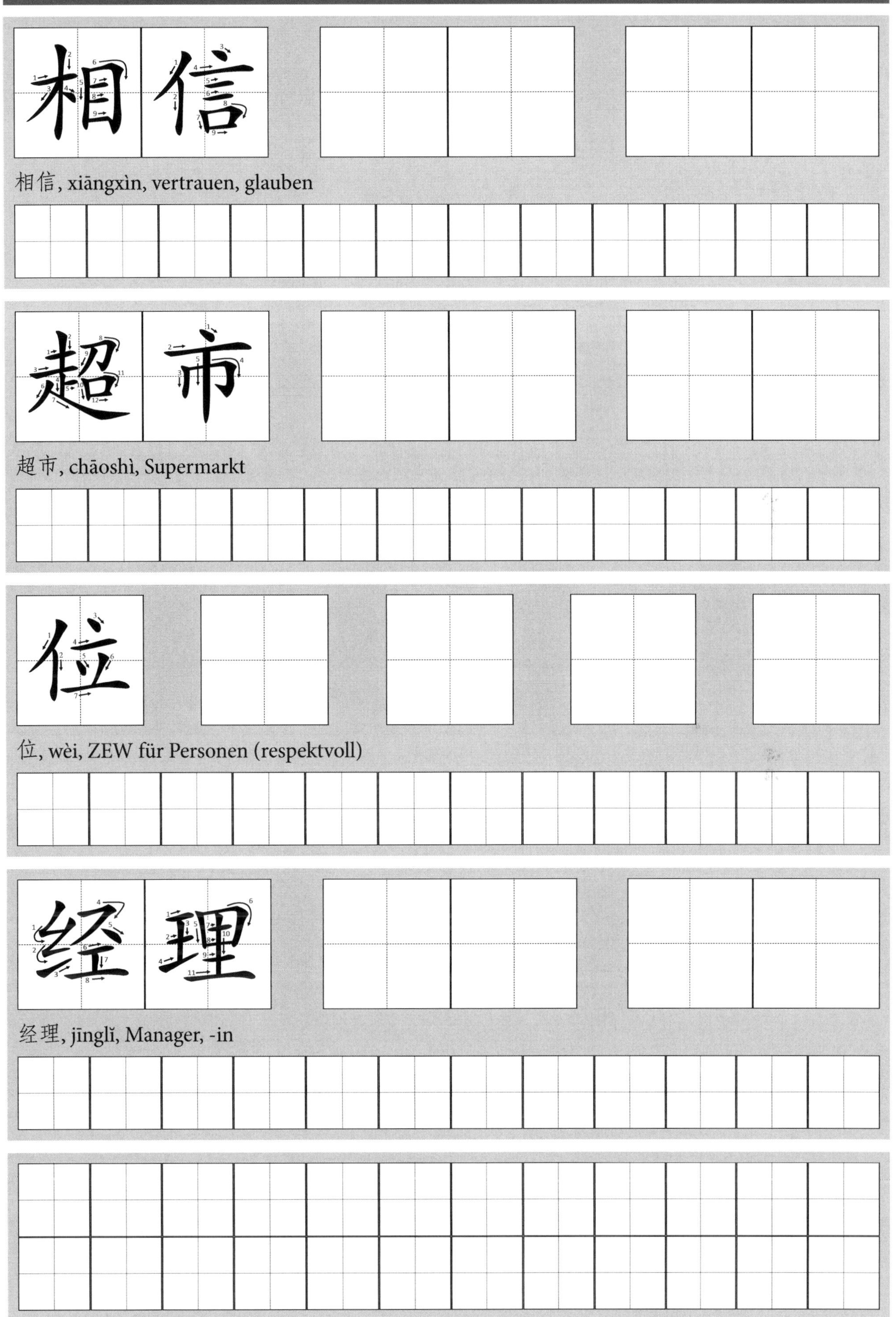

相信, xiāngxìn, vertrauen, glauben

超市, chāoshì, Supermarkt

位, wèi, ZEW für Personen (respektvoll)

经理, jīnglǐ, Manager, -in

会议, huìyì, Konferenz

中间, zhōngjiān, Mitte

站, zhàn, stehen

厕所, cèsuǒ, WC, Toilette

提供, tígòng, bereitstellen, zur Verfügung stellen

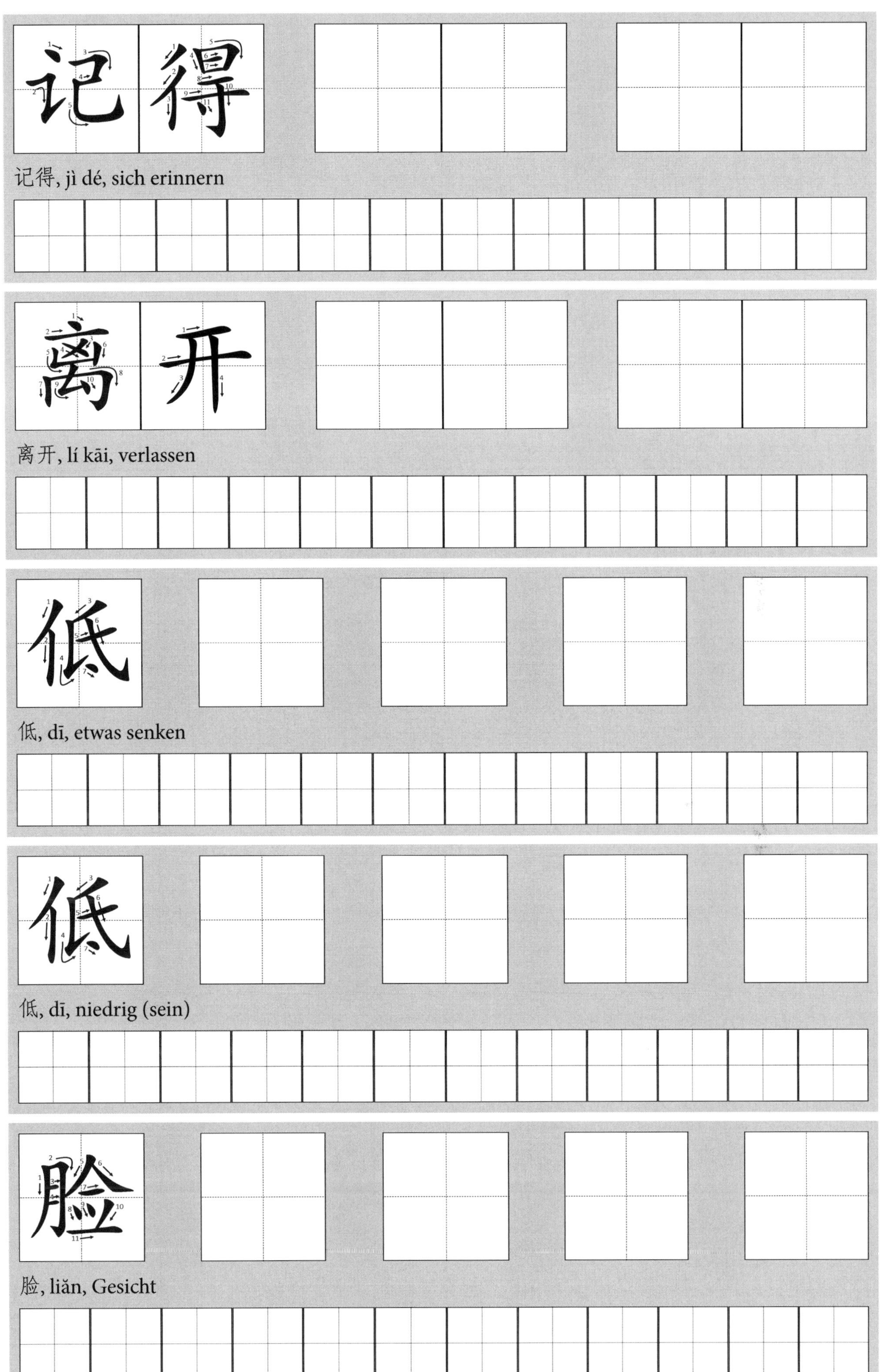

记得, jì dé, sich erinnern

离开, lí kāi, verlassen

低, dī, etwas senken

低, dī, niedrig (sein)

脸, liǎn, Gesicht

17 中国的变化

变化, biànhuà, Veränderung

必须, bìxū, müssen

宾馆, bīnguǎn, Hotel, Gasthaus

自己, zìjǐ, selbst, selber

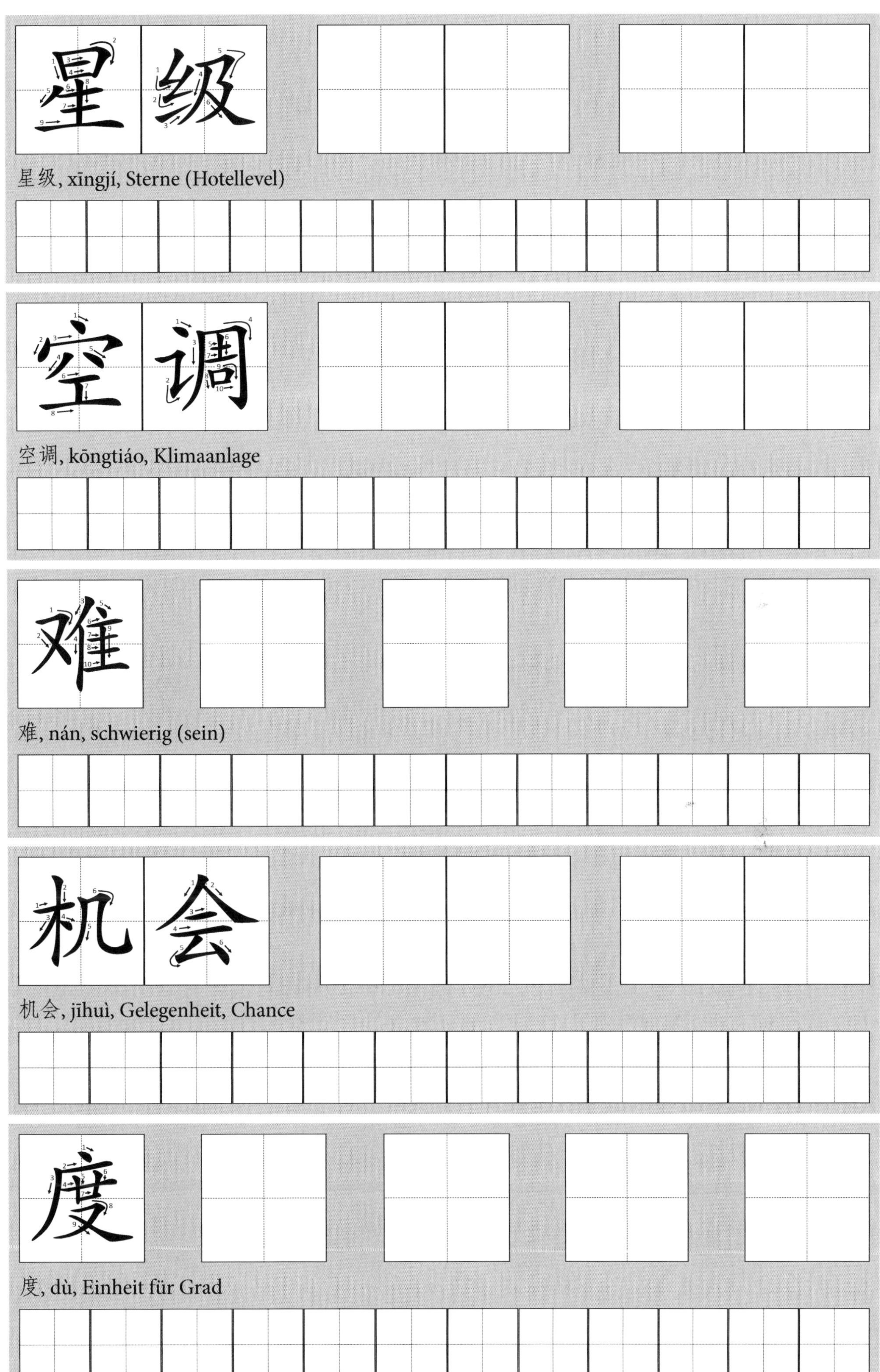

星级, xīngjí, Sterne (Hotellevel)

空调, kōngtiáo, Klimaanlage

难, nán, schwierig (sein)

机会, jīhuì, Gelegenheit, Chance

度, dù, Einheit für Grad

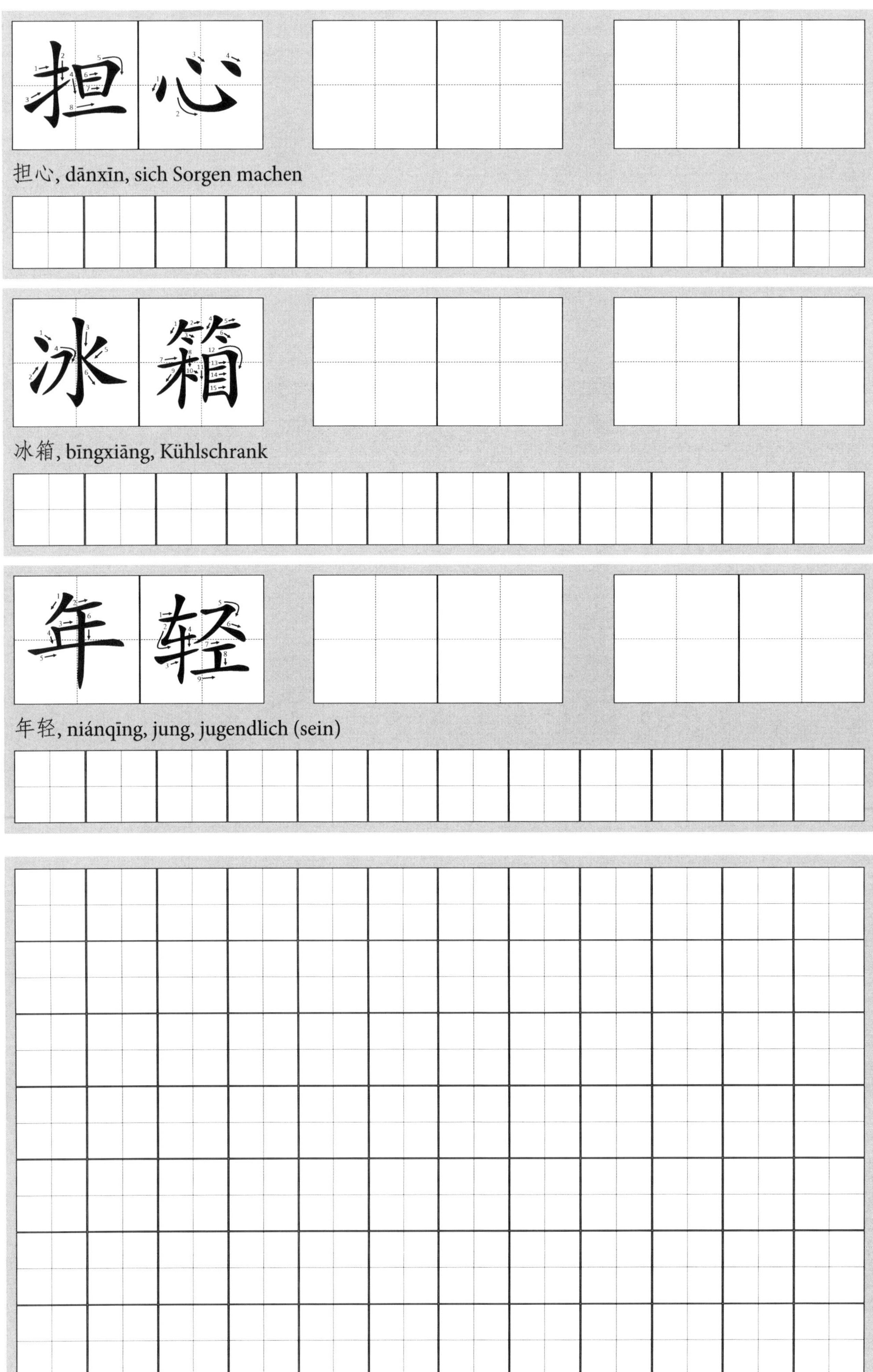

担心, dānxīn, sich Sorgen machen

冰箱, bīngxiāng, Kühlschrank

年轻, niánqīng, jung, jugendlich (sein)

18 关于小祝

关于, guānyú, bezüglich, über, von

锻炼, duànliàn, trainieren

爬山, pá shān, bergwandern

发烧, fā shāo, fiebern, Fieber haben

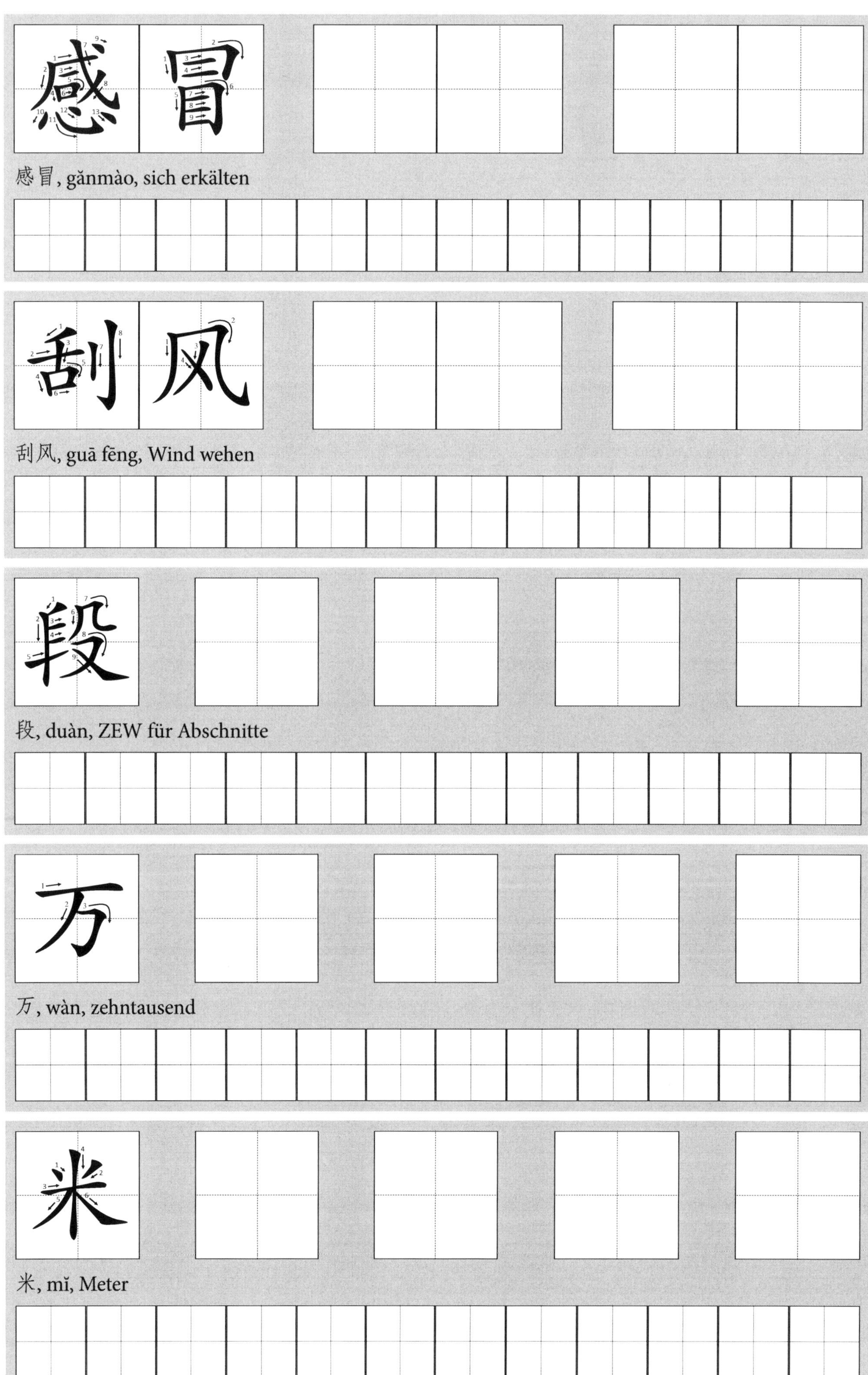

感冒, gănmào, sich erkälten

刮风, guā fēng, Wind wehen

段, duàn, ZEW für Abschnitte

万, wàn, zehntausend

米, mĭ, Meter

比赛, bǐsài, Wettkampf, Turnier

名, míng, ZEW für Ränge oder Plätze (Personen)

耳朵, ěrduo, Ohr

照顾, zhàogù, sich kümmern um, pflegen, betreuen

忘记, wàngjì, vergessen

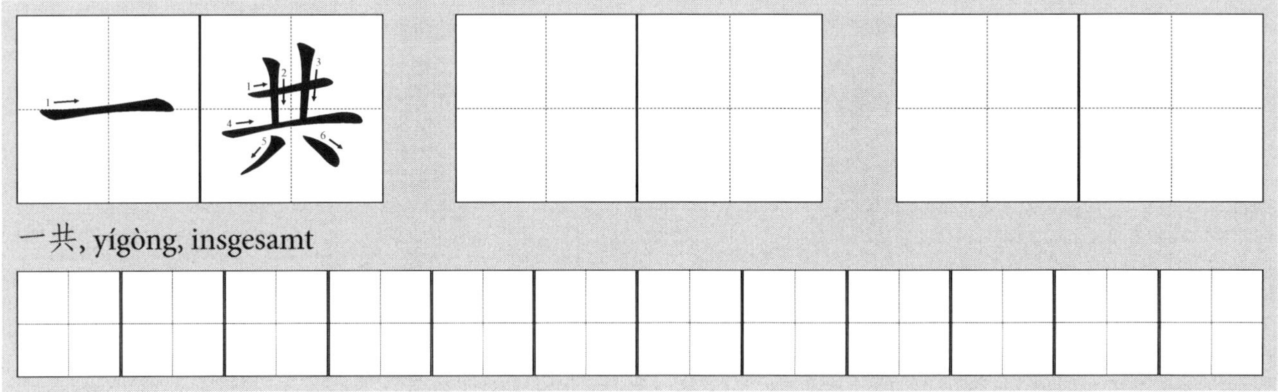

一共, yígòng, insgesamt

19 准备参加数学比赛

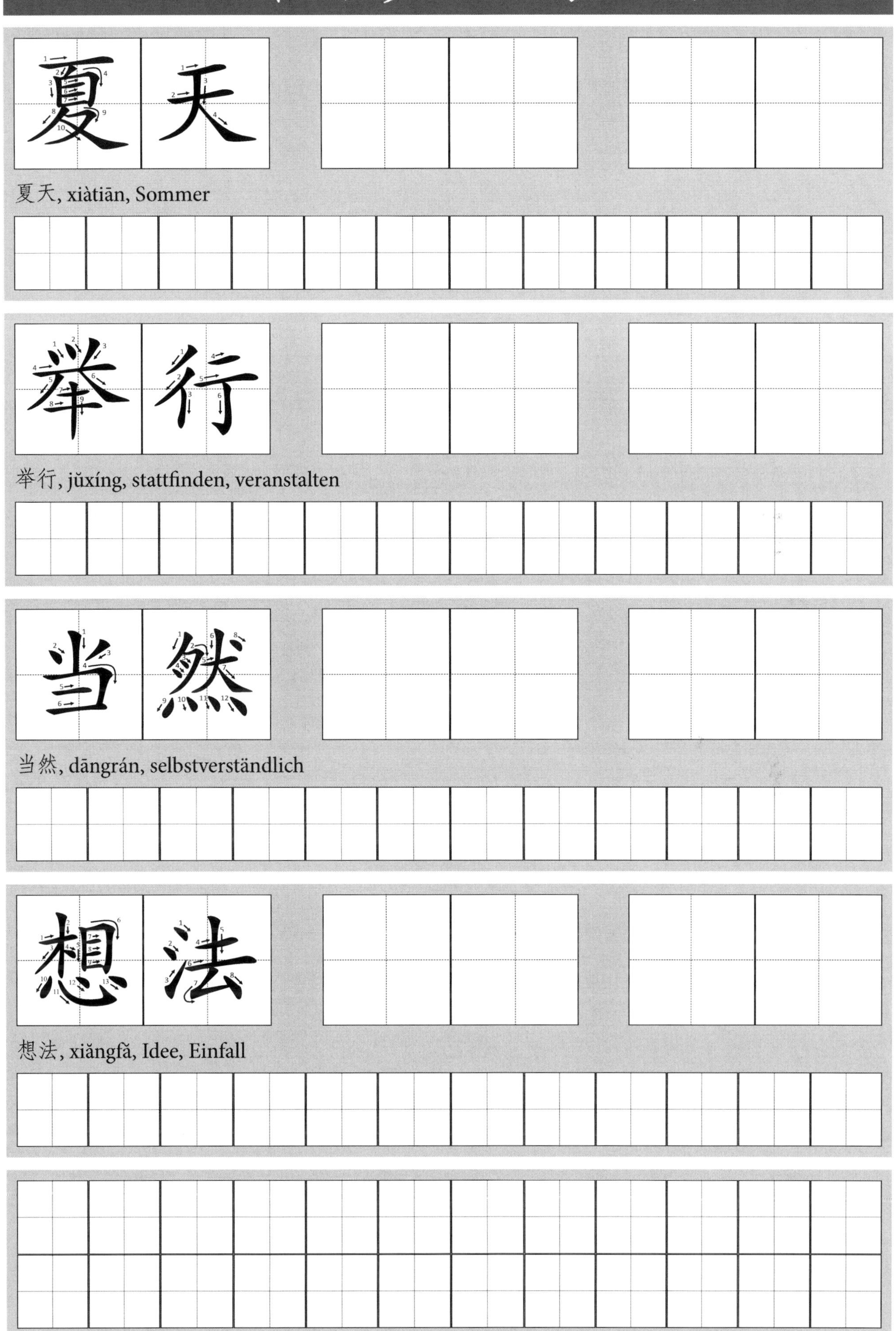

夏天, xiàtiān, Sommer

举行, jŭxíng, stattfinden, veranstalten

当然, dāngrán, selbstverständlich

想法, xiăngfă, Idee, Einfall

认为, rènwéi, meinen

选择, xuǎnzé, auswählen (Kurzform „选“); Auswahl

做选择, zuò xuǎnzé, Auswahl treffen

感兴趣, gǎn xìngqù, sich interessieren

聪明, cōngming, klug, intelligent (sein)

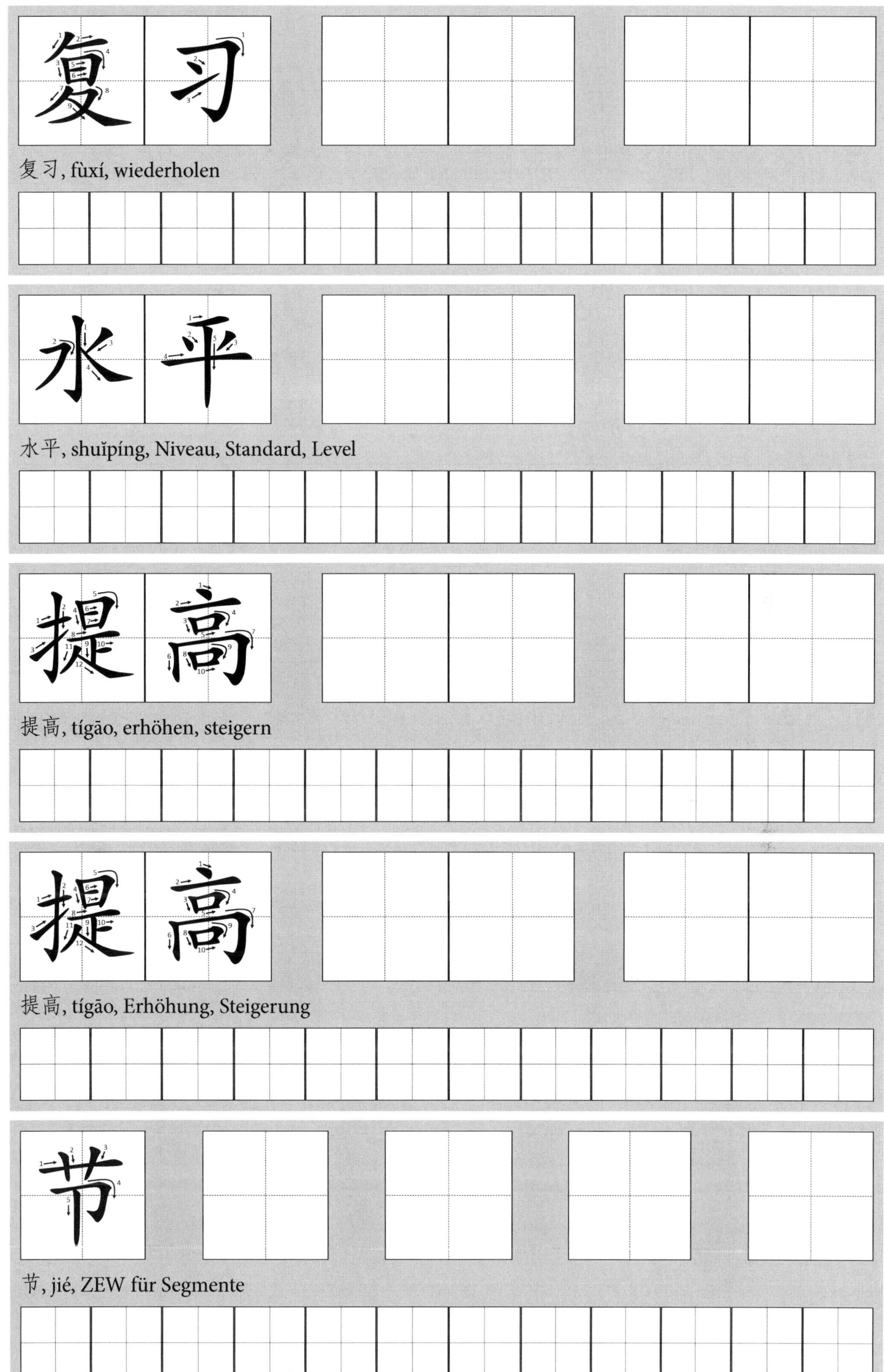

复习, fùxí, wiederholen

水平, shuǐpíng, Niveau, Standard, Level

提高, tígāo, erhöhen, steigern

提高, tígāo, Erhöhung, Steigerung

节, jié, ZEW für Segmente

20 两个好朋友的对话（一）

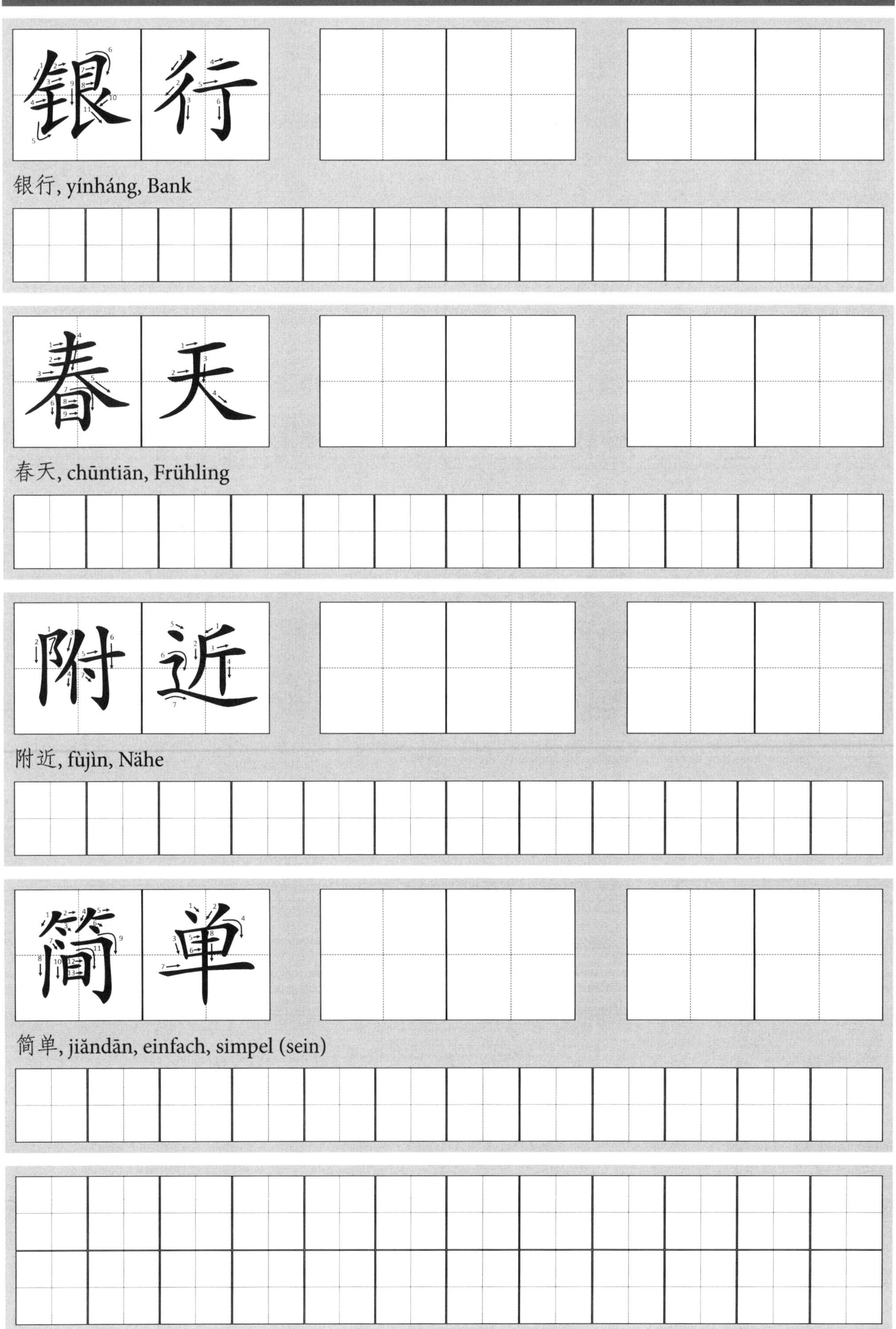

银行, yínháng, Bank

春天, chūntiān, Frühling

附近, fùjìn, Nähe

简单, jiǎndān, einfach, simpel (sein)

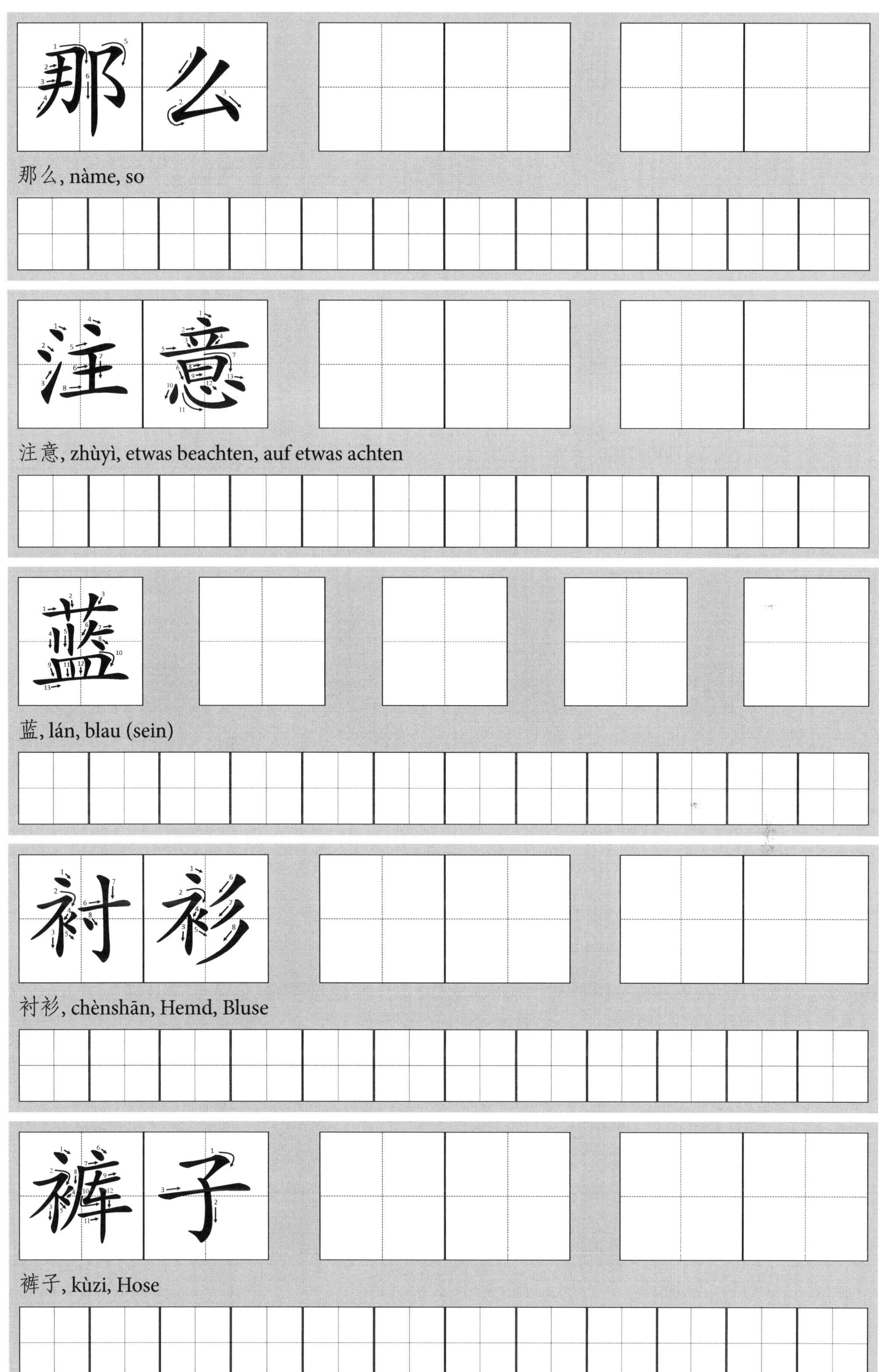

那么, nàme, so

注意, zhùyì, etwas beachten, auf etwas achten

蓝, lán, blau (sein)

衬衫, chènshān, Hemd, Bluse

裤子, kùzi, Hose

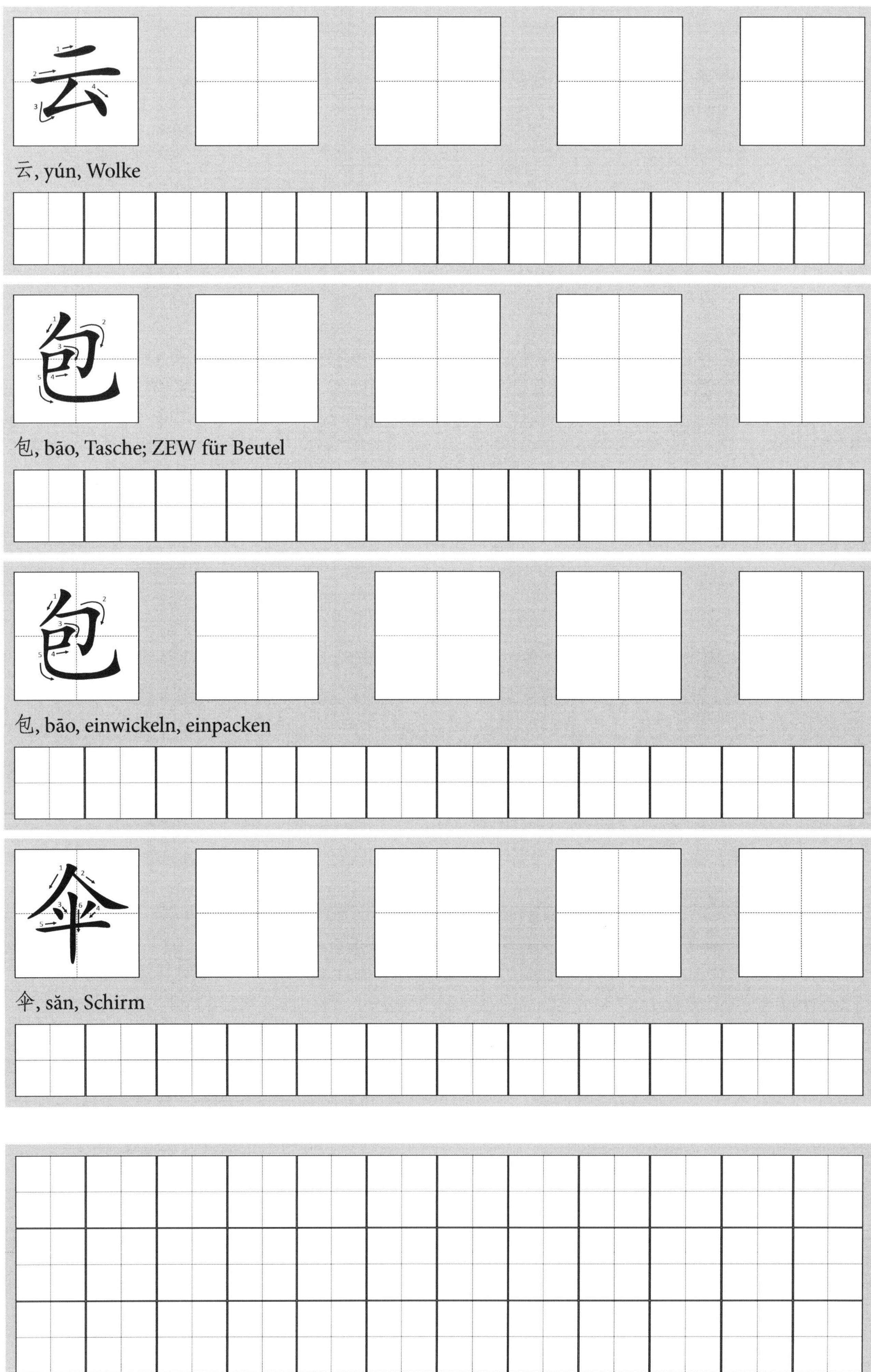

云, yún, Wolke

包, bāo, Tasche; ZEW für Beutel

包, bāo, einwickeln, einpacken

伞, sǎn, Schirm

21 两个好朋友的对话（二）

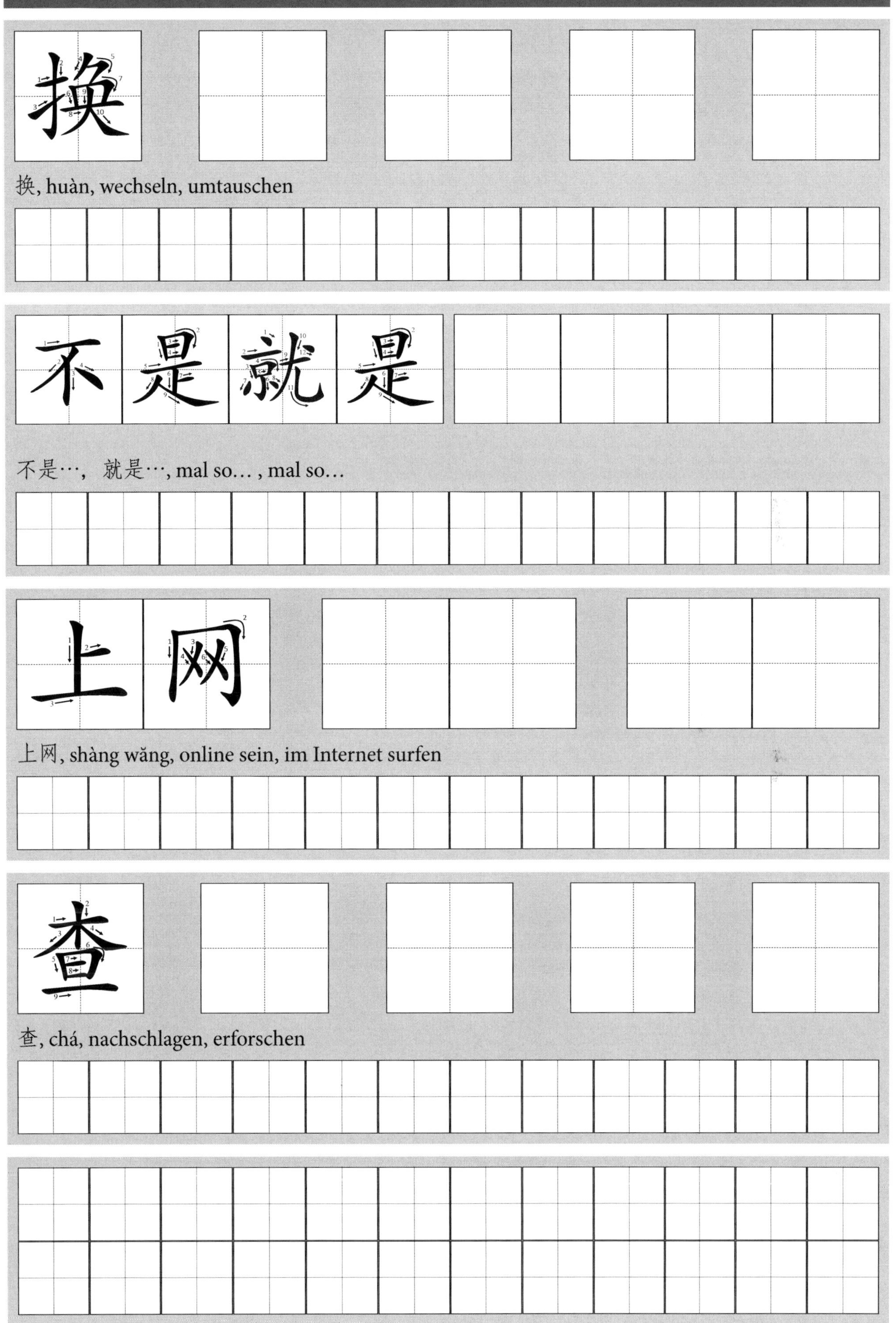

换, huàn, wechseln, umtauschen

不是…，就是…, mal so… , mal so…

上网, shàng wǎng, online sein, im Internet surfen

查, chá, nachschlagen, erforschen

顾客, gùkè, Kunde

电子邮件, diànzǐyóujiàn, E-Mail

爱好, àihào, Hobby; Hobby haben

作用, zuòyòng, Effekt, Wirkung

瘦, shòu, dünn, mager (sein)

老, lǎo, alt (sein)

环境, huánjìng, Umwelt, Umgebung, Umfeld

音乐, yīnyuè, Musik

照相机, zhàoxiàngjī, Fotoapparat

主要, zhǔyào, wesentlich, hauptsächlich

22 孩子其实是客人

电子学, diànzǐxué, Elektronik (Fachrichtung)

国家, guójiā, Land, Staat

文化, wénhuà, Kultur

相同, xiāngtóng, identisch, gleich (sein)

生活, shēnghuó, leben; Leben

叔叔, shūshu, Onkel

关心, guānxīn, Interesse haben

关心, guānxīn, sich kümmern um; Fürsorge

世界, shìjiè, Welt

变, biàn, ändern, wandeln, werden

行李箱, xínglixiāng, Reisekoffer

小心, xiǎoxīn, vorsichtig (sein), aufpassen

司机, sījī, Fahrer, -in

新闻, xīnwén, Nachrichten

23 中国人和喝酒

白酒, báijiŭ, Schnaps

度数, dùshù, Grad, Anteil, Gehalt

啤酒, píjiŭ, Bier

葡萄酒, pútaojiŭ, Wein

声音, shēngyīn, Stimme, Geräusch

满意, mǎnyì, zufrieden (sein)

真心, zhēnxīn, ehrlich (sein)

难过, nánguò, unerträglich (sein)

难过, nánguò, traurig (sein)

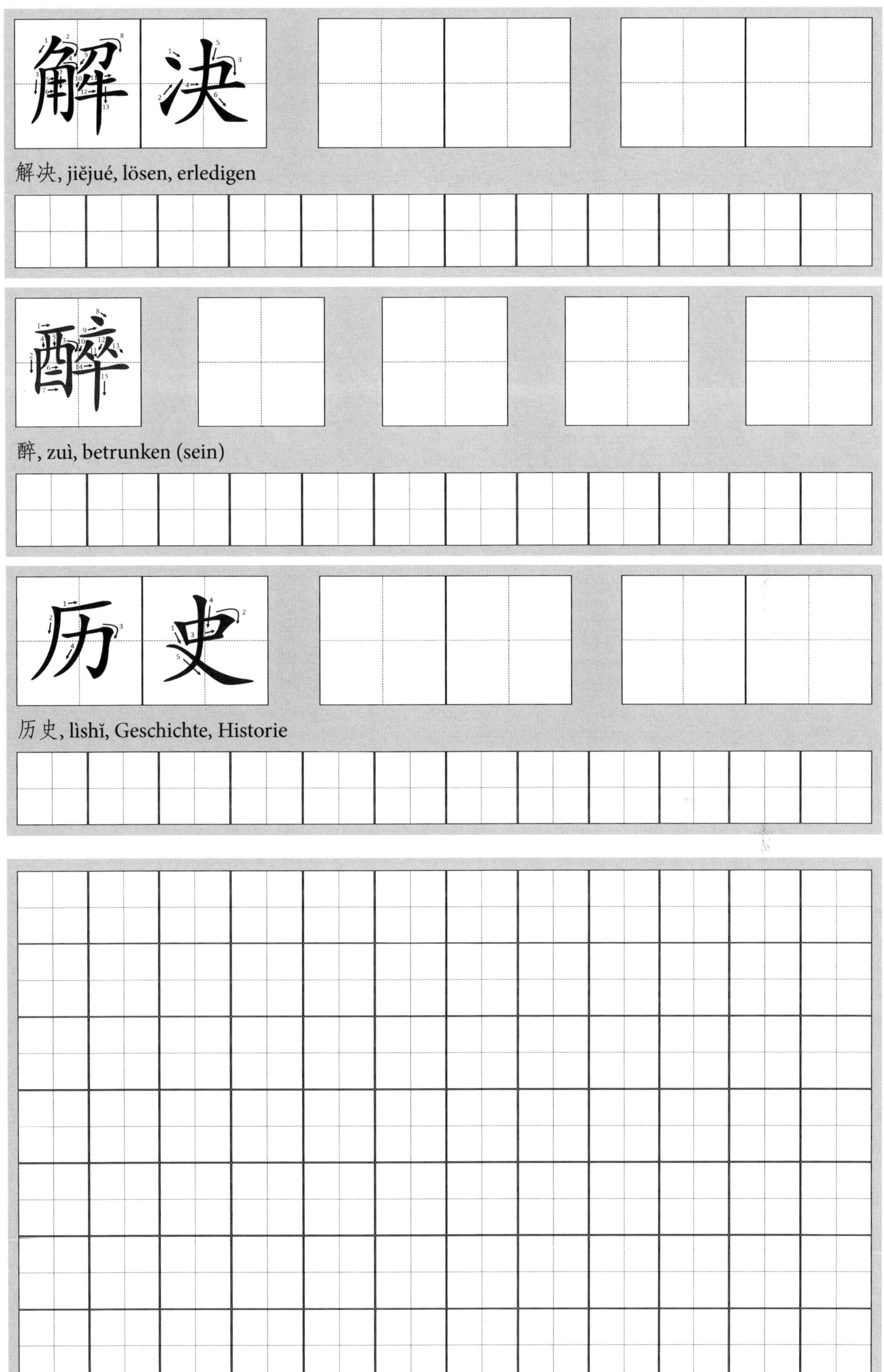

解决, jiějué, lösen, erledigen

醉, zuì, betrunken (sein)

历史, lìshǐ, Geschichte, Historie

24 爱在心里口难开

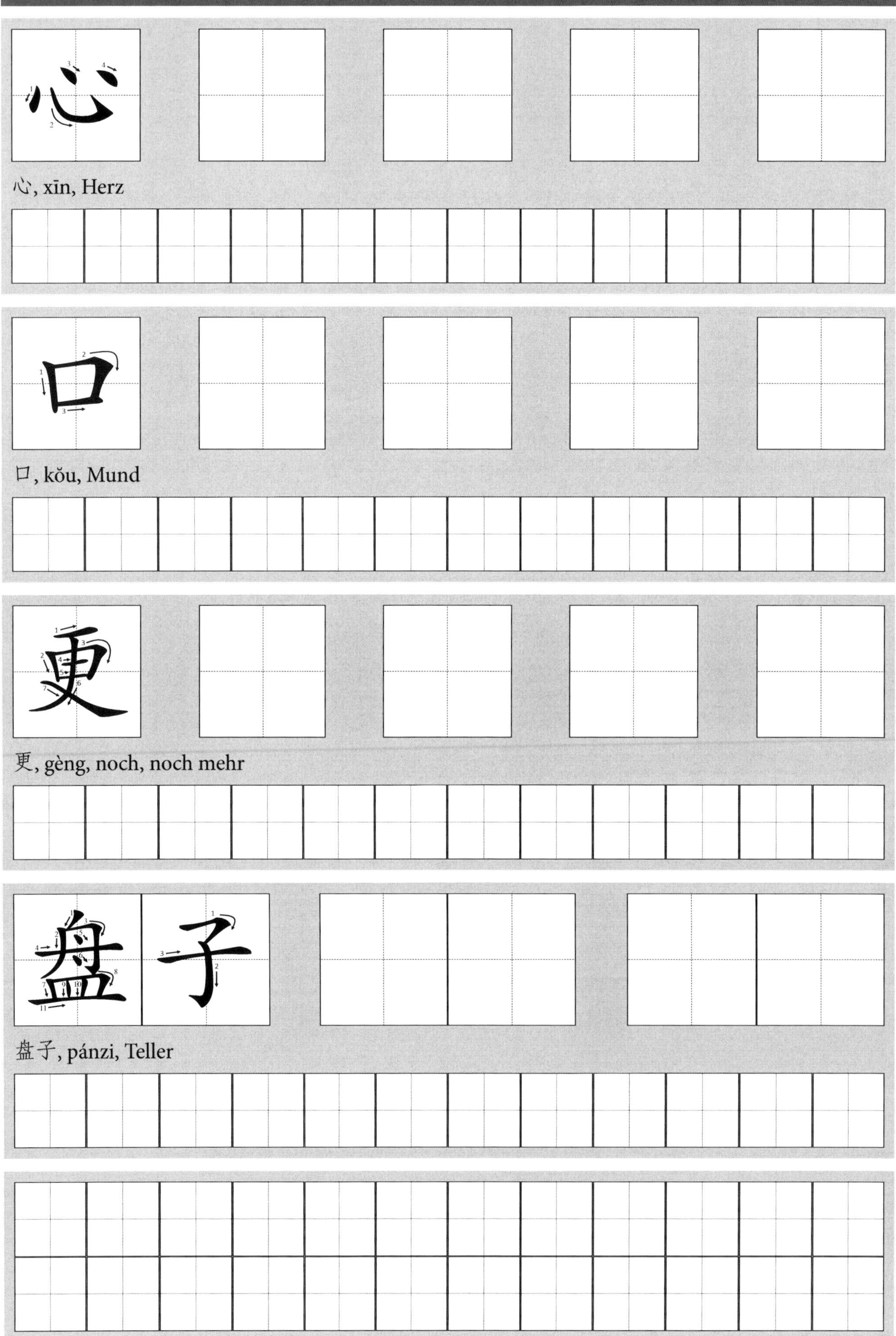

心, xīn, Herz

口, kǒu, Mund

更, gèng, noch, noch mehr

盘子, pánzi, Teller

碗, wǎn, Schüssel

几乎, jīhū, beinahe, fast

行动, xíngdòng, Aktion, Tat

生气, shēng qì, sich ärgern

铅笔, qiānbǐ, Bleistift

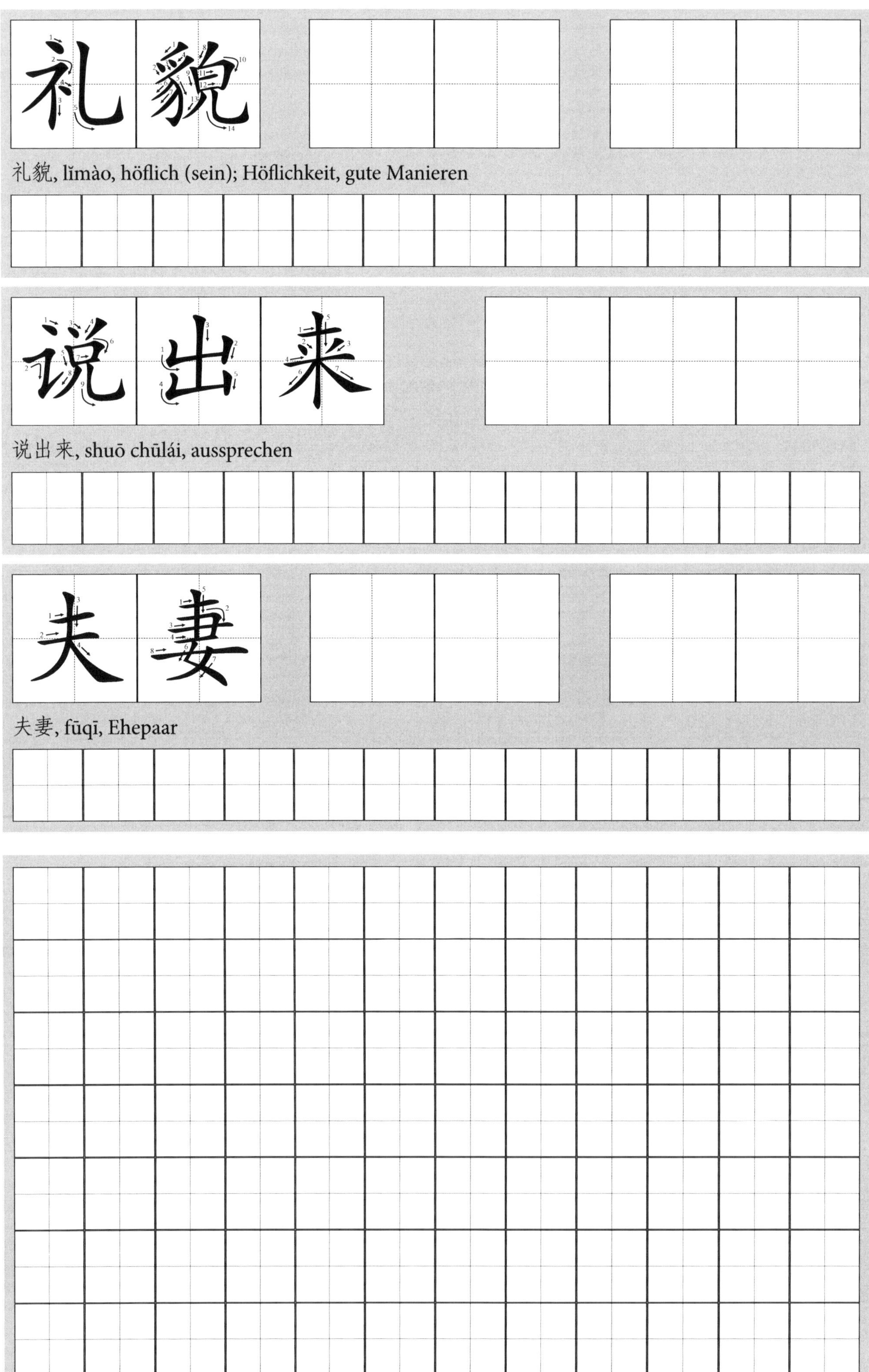

礼貌, lǐmào, höflich (sein); Höflichkeit, gute Manieren

说出来, shuō chūlái, aussprechen

夫妻, fūqī, Ehepaar

25 中学的同学

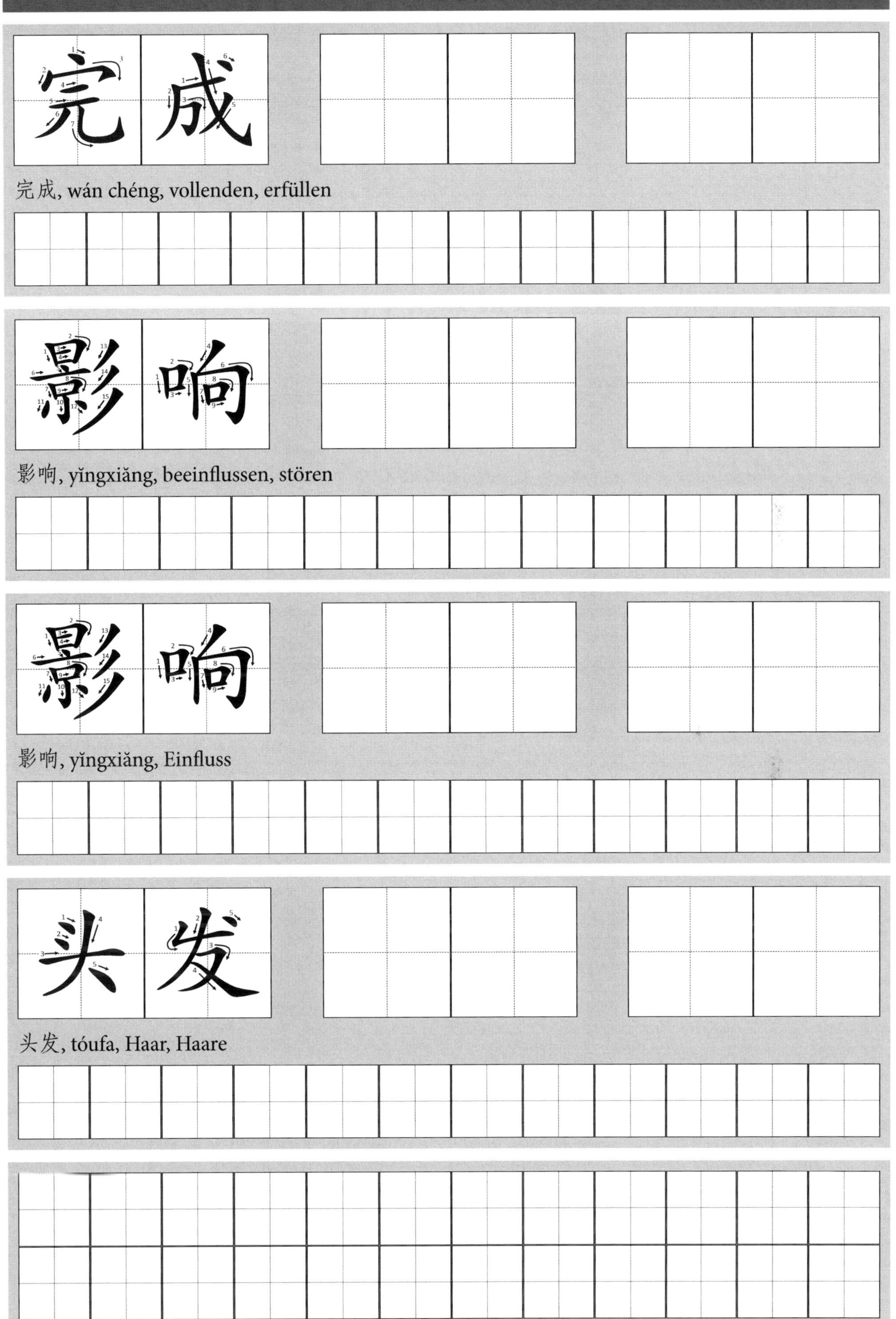

完成, wán chéng, vollenden, erfüllen

影响, yǐngxiǎng, beeinflussen, stören

影响, yǐngxiǎng, Einfluss

头发, tóufa, Haar, Haare

短, duǎn, kurz (sein)

普通, pǔtōng, gewöhnlich, einfach

普通话, pǔtōnghuà, Hochchinesisch

成绩, chéngjī, Leistung, Prüfungsergebnis

差, chà, schlecht (sein)

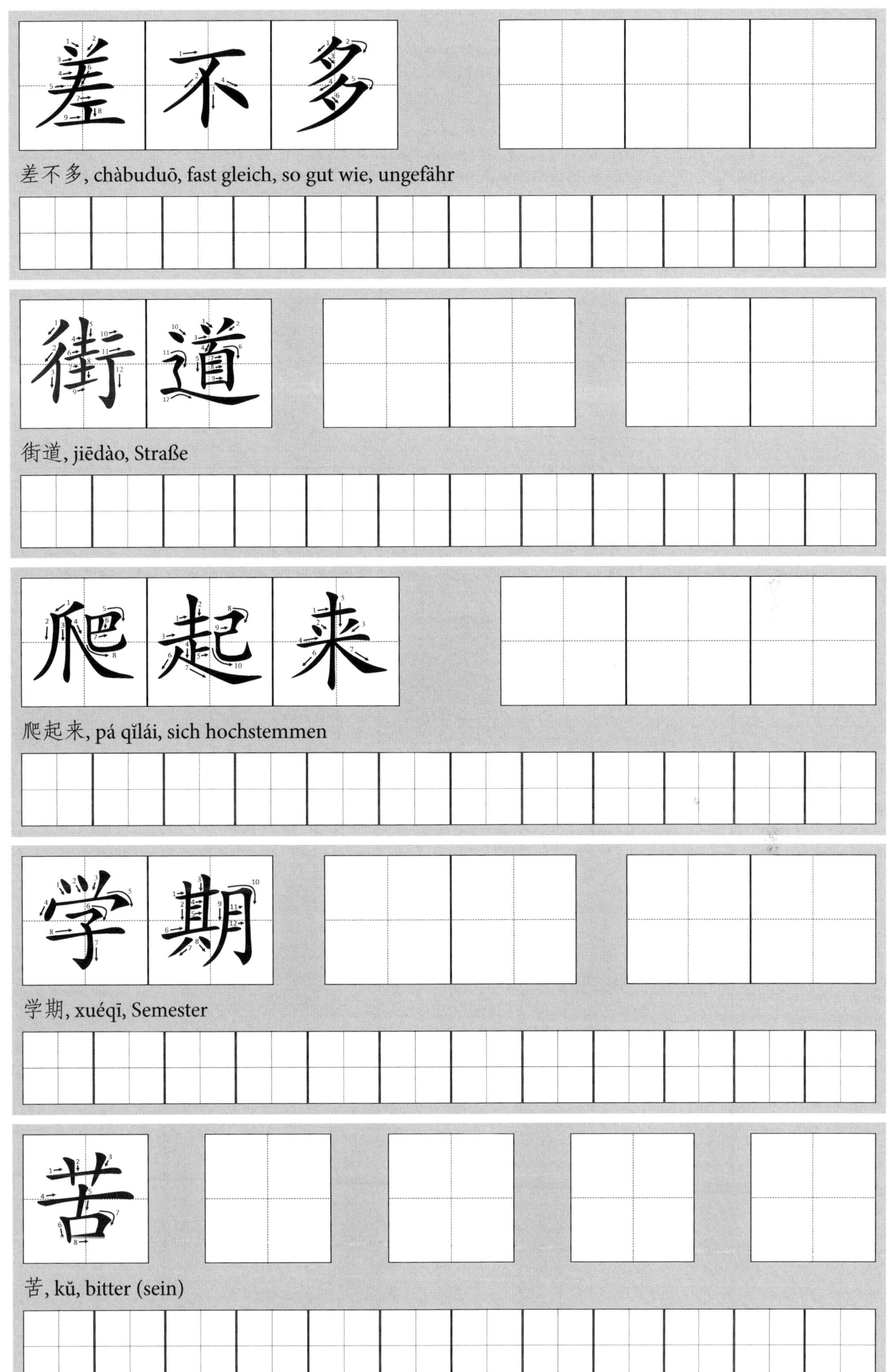

差不多, chàbuduō, fast gleich, so gut wie, ungefähr

街道, jiēdào, Straße

爬起来, pá qǐlái, sich hochstemmen

学期, xuéqī, Semester

苦, kǔ, bitter (sein)

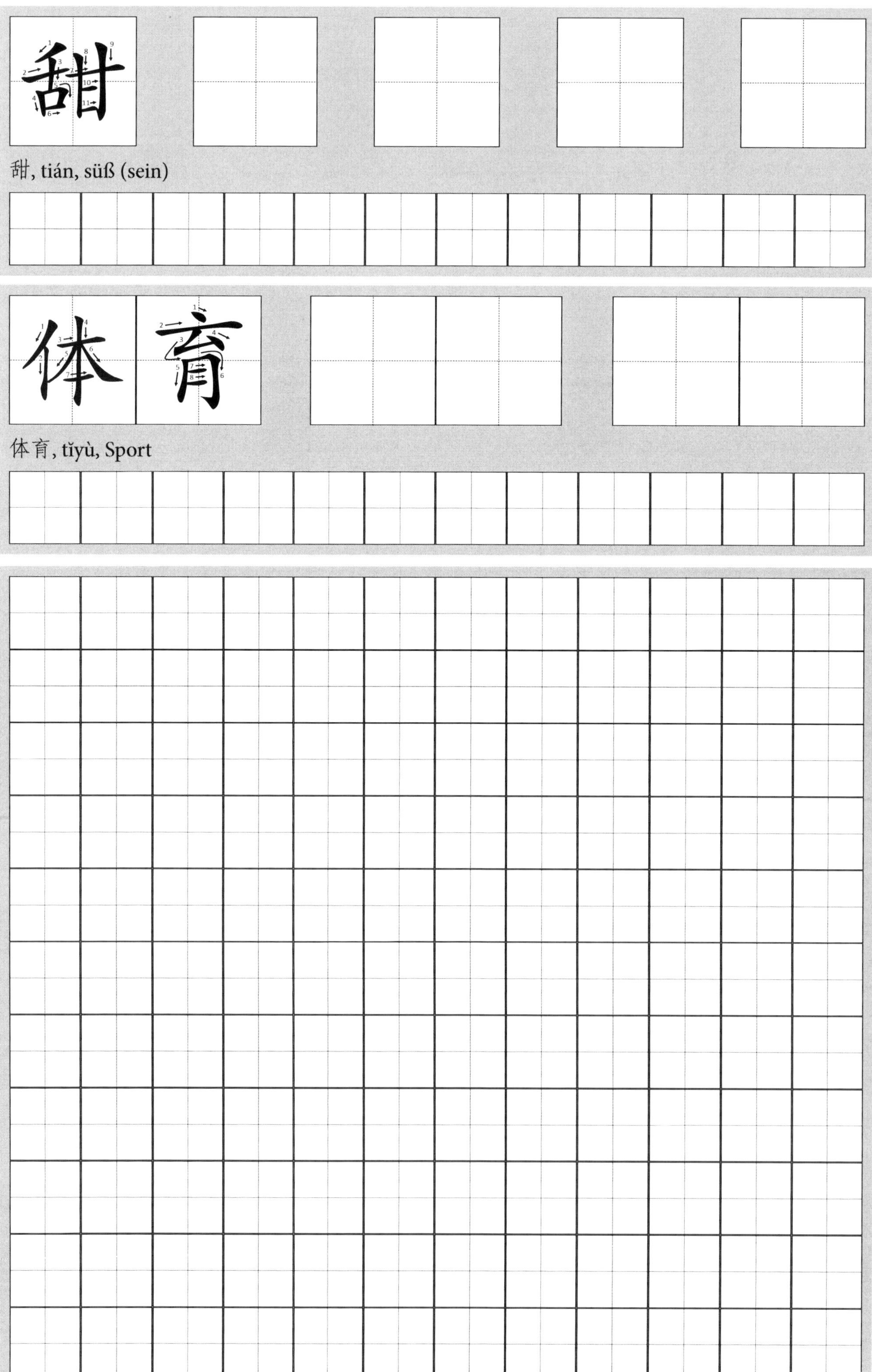

甜, tián, süß (sein)

体育, tǐyù, Sport

26 中国人和颜色

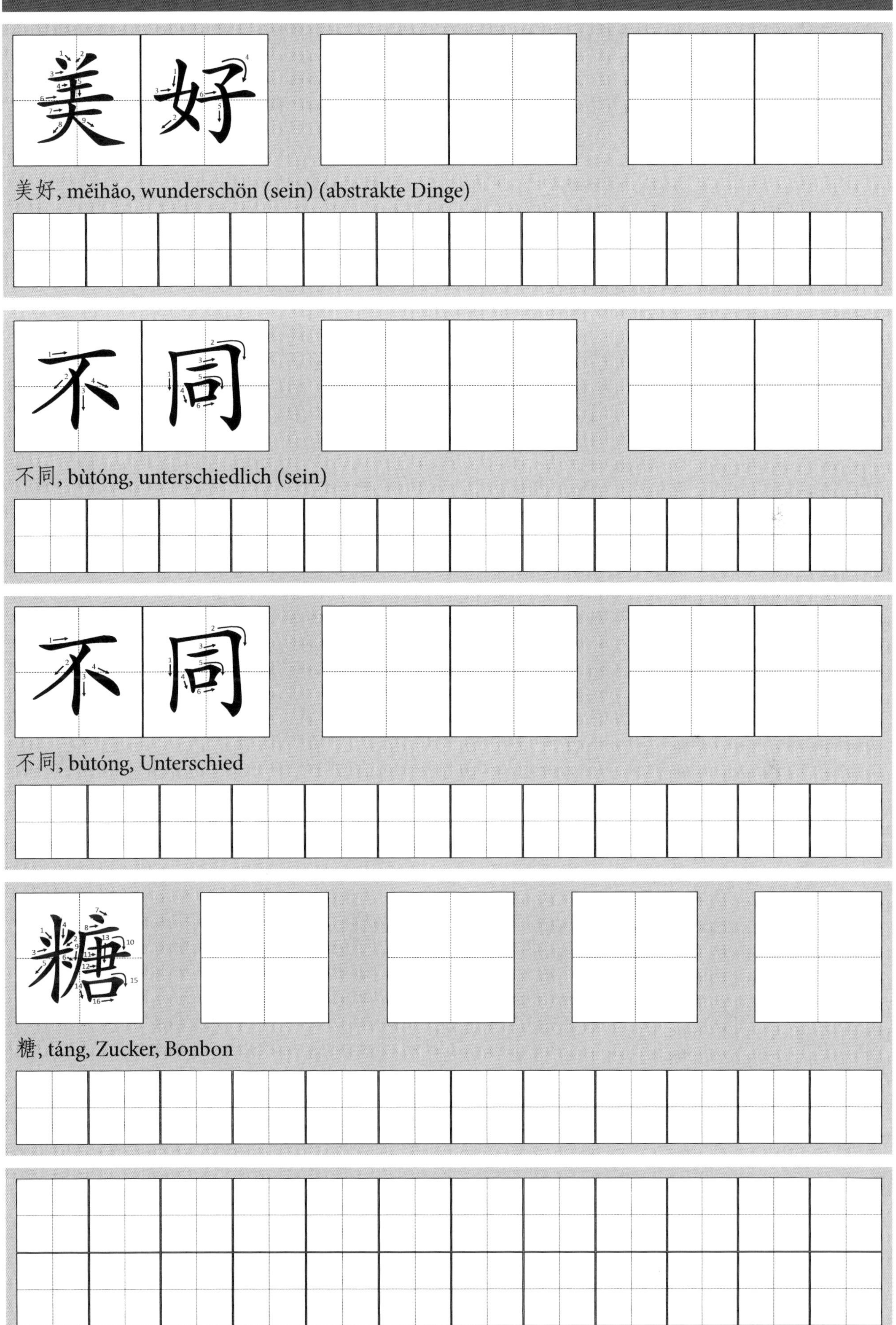

美好, měihǎo, wunderschön (sein) (abstrakte Dinge)

不同, bùtóng, unterschiedlich (sein)

不同, bùtóng, Unterschied

糖, táng, Zucker, Bonbon

节日, jiérì, Feiertag

开业, kāiyè, Geschäftstätigkeit aufnehmen

祝愿, zhùyuàn, (Glück) wünschen; Wunsch

生意, shēngyì, Geschäft, Business

去世, qùshì, sterben

字典, zìdiǎn, Zeichenwörterbuch

帽子, màozi, Hut, Mütze

皇帝, huángdì, Kaiser

和他好, hé tā hǎo, mit ihm befreundet sein

被, bèi, Passivpartikel

27 新车和旧车

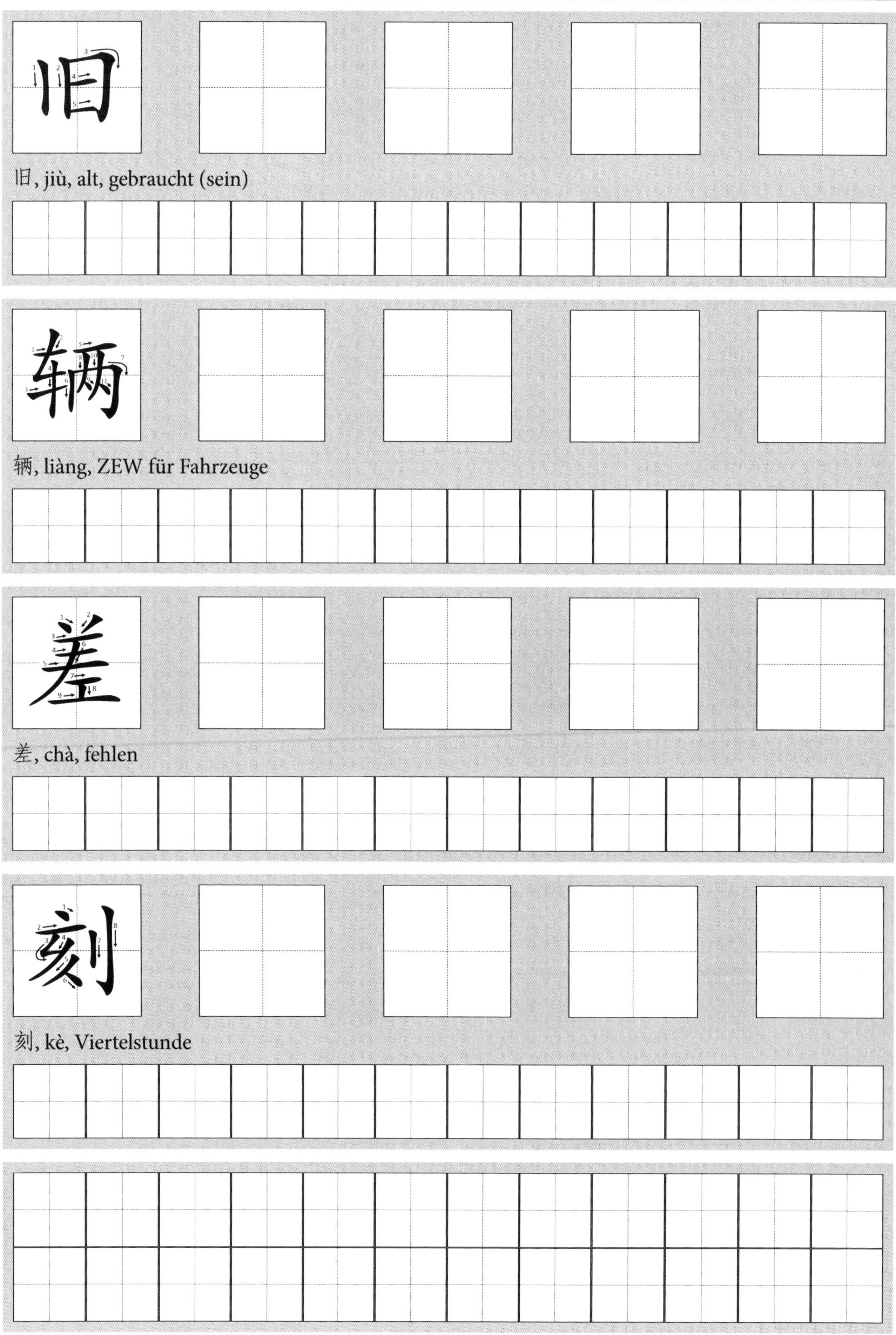

旧, jiù, alt, gebraucht (sein)

辆, liàng, ZEW für Fahrzeuge

差, chà, fehlen

刻, kè, Viertelstunde

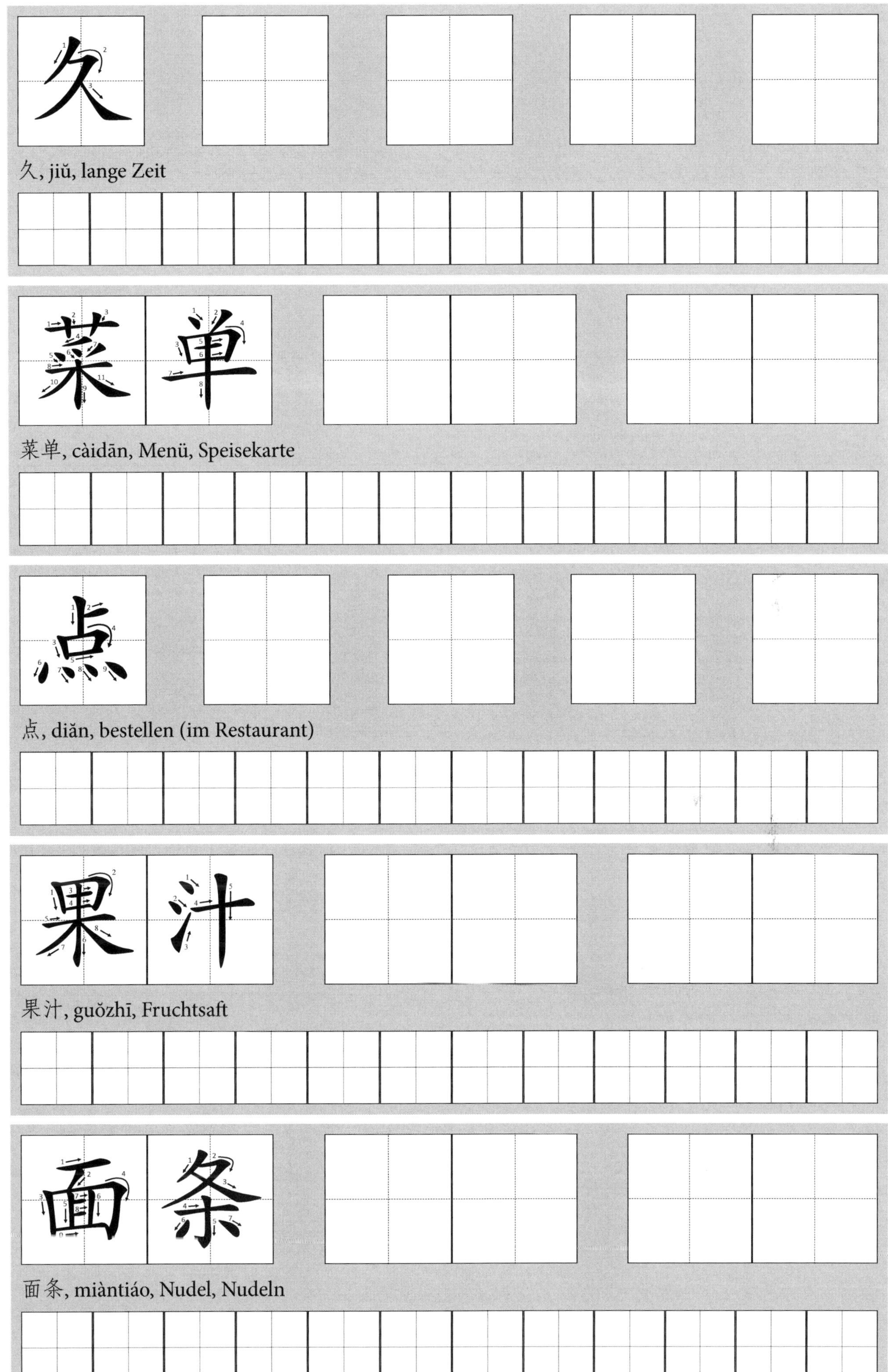

久, jiǔ, lange Zeit

菜单, càidān, Menü, Speisekarte

点, diǎn, bestellen (im Restaurant)

果汁, guǒzhī, Fruchtsaft

面条, miàntiáo, Nudel, Nudeln

角, jiăo, Ecke; 1/10 Yuan

买单, măi dān, (be)zahlen (im Restaurant)

请, qǐng, einladen

花, huā, kosten, aufwenden

刚才, gāngcái, vor kurzem, kürzlich

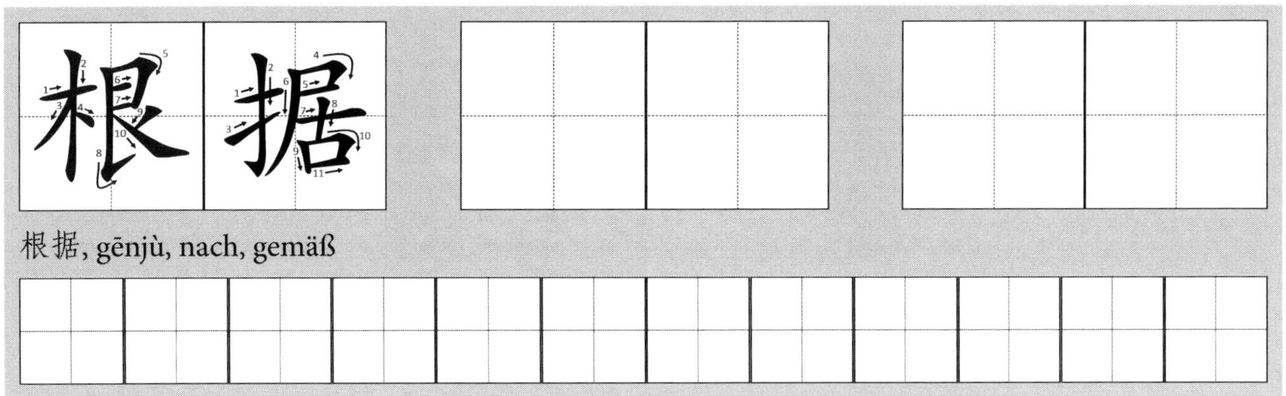

根据, gēnjù, nach, gemäß

28 黄山旅游

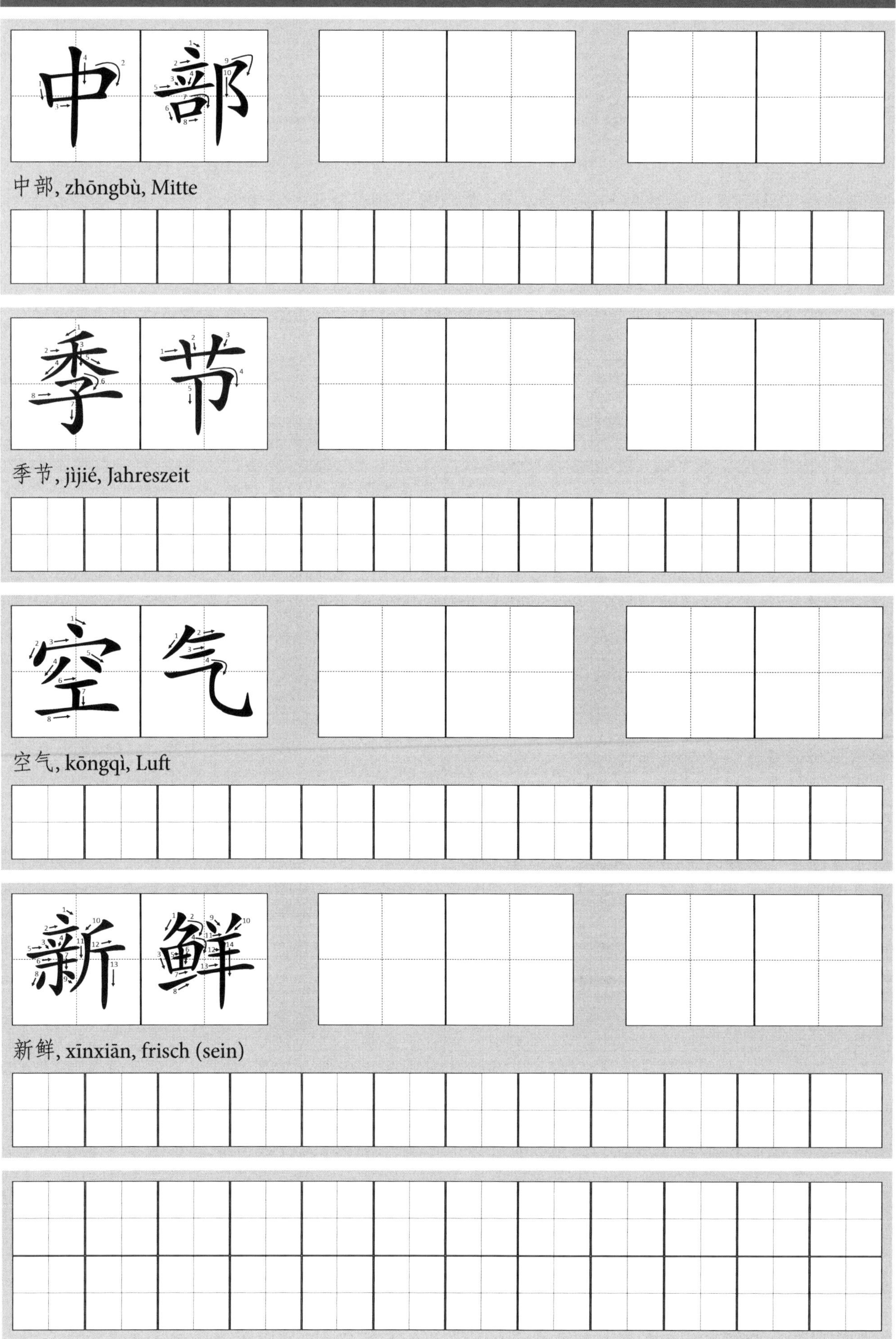

中部, zhōngbù, Mitte

季节, jìjié, Jahreszeit

空气, kōngqì, Luft

新鲜, xīnxiān, frisch (sein)

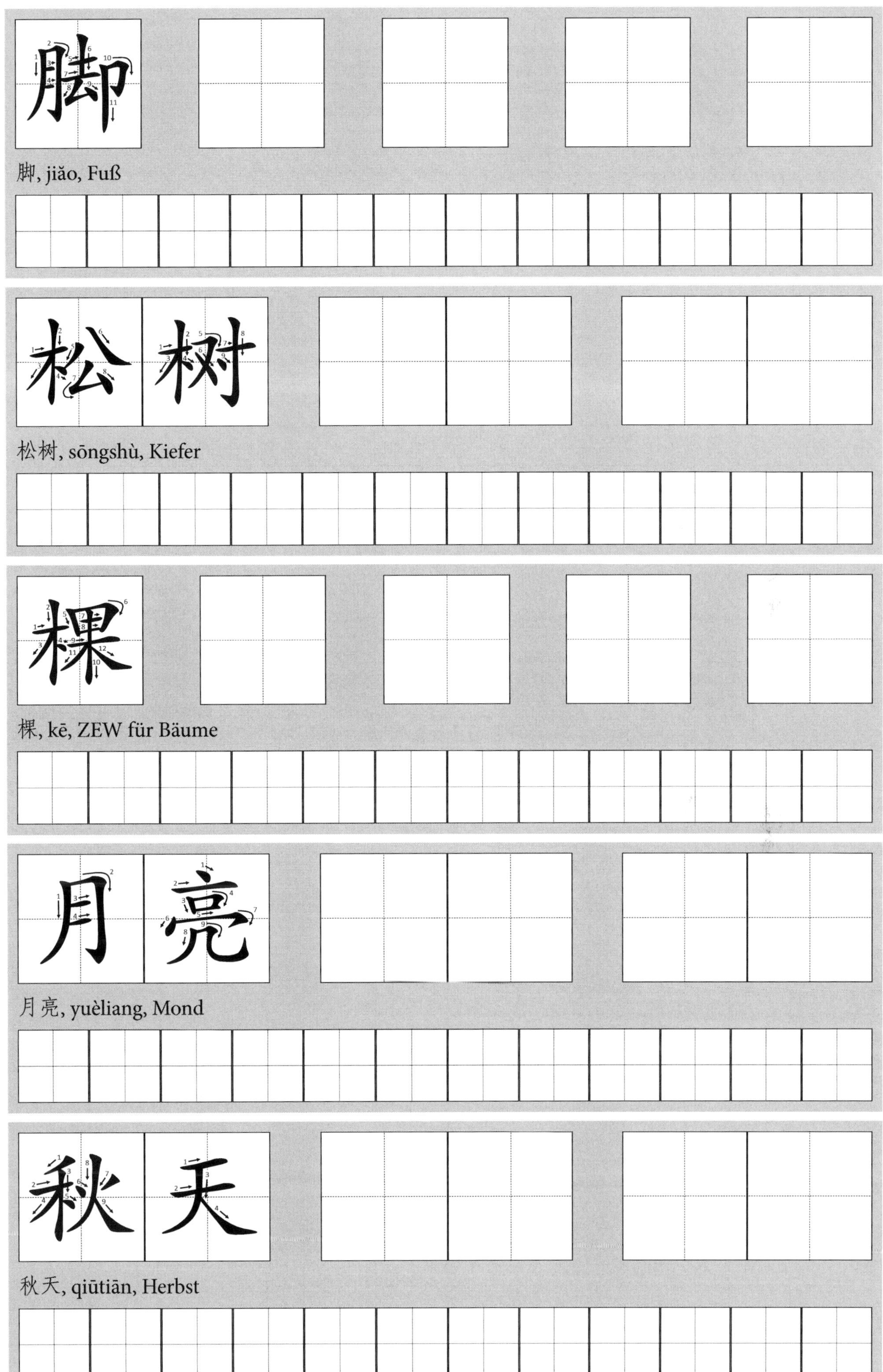

脚, jiǎo, Fuß

松树, sōngshù, Kiefer

棵, kē, ZEW für Bäume

月亮, yuèliang, Mond

秋天, qiūtiān, Herbst

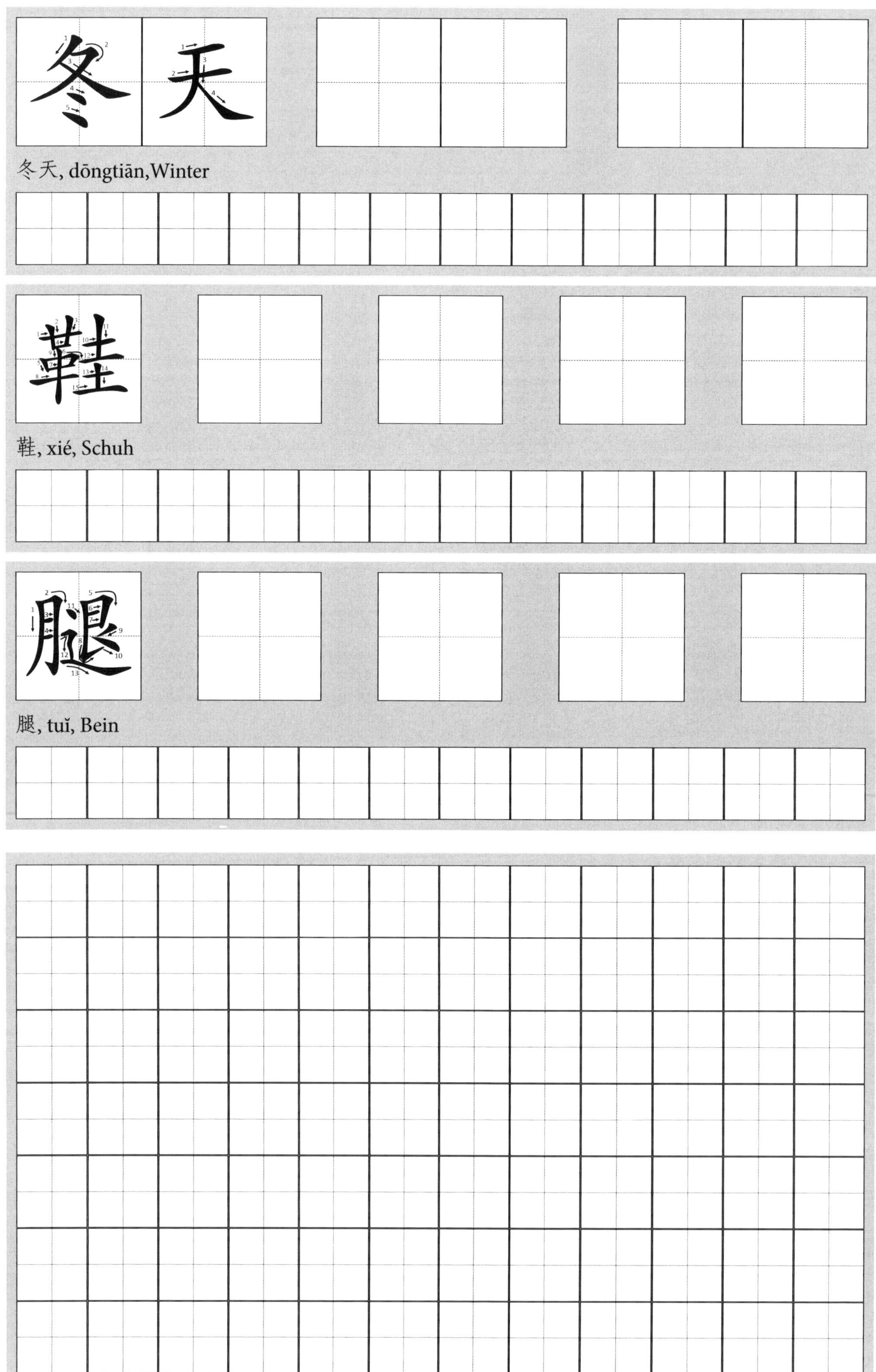

冬天, dōngtiān,Winter

鞋, xié, Schuh

腿, tuǐ, Bein

29 商场和超市

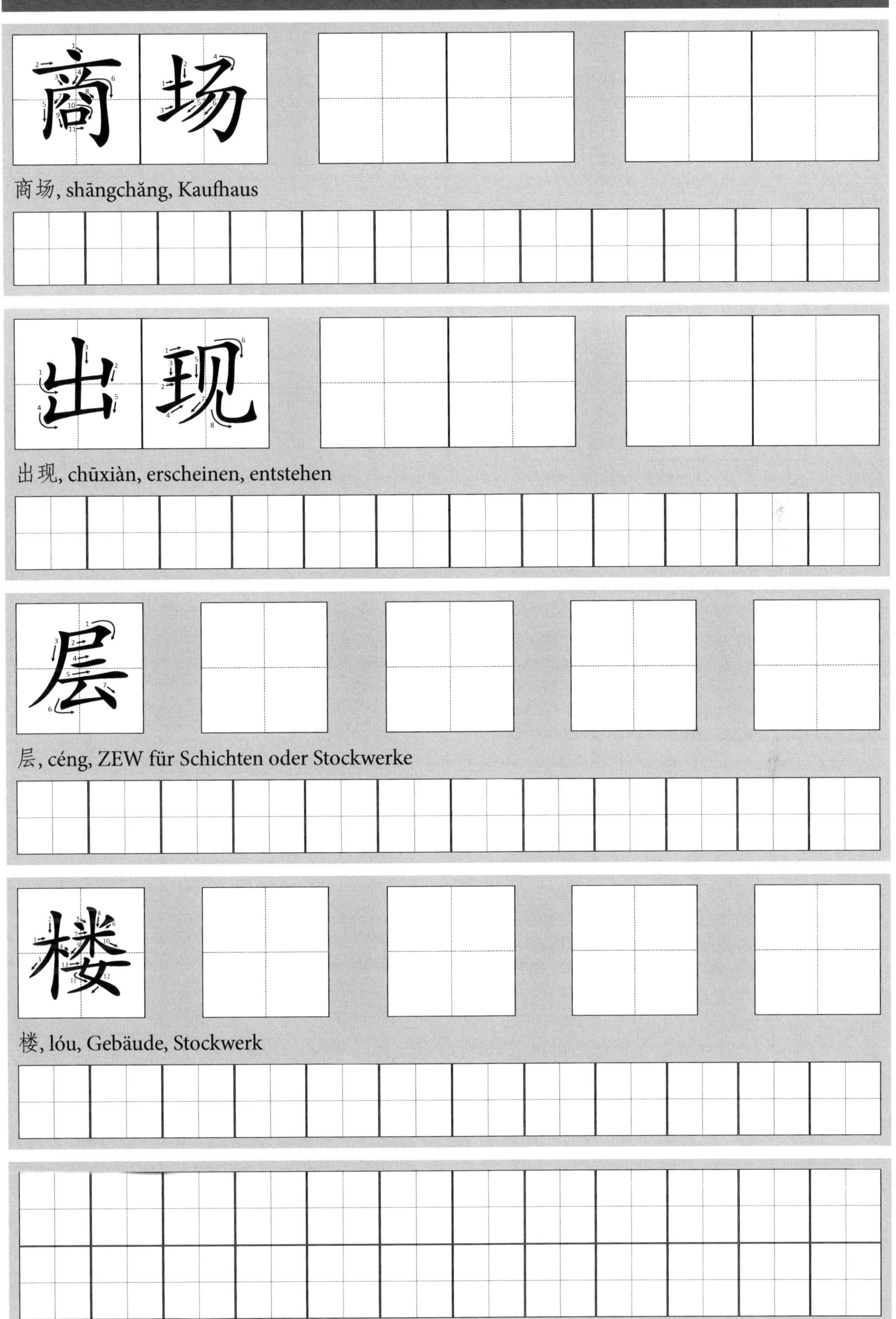

商场, shāngchǎng, Kaufhaus

出现, chūxiàn, erscheinen, entstehen

层, céng, ZEW für Schichten oder Stockwerke

楼, lóu, Gebäude, Stockwerk

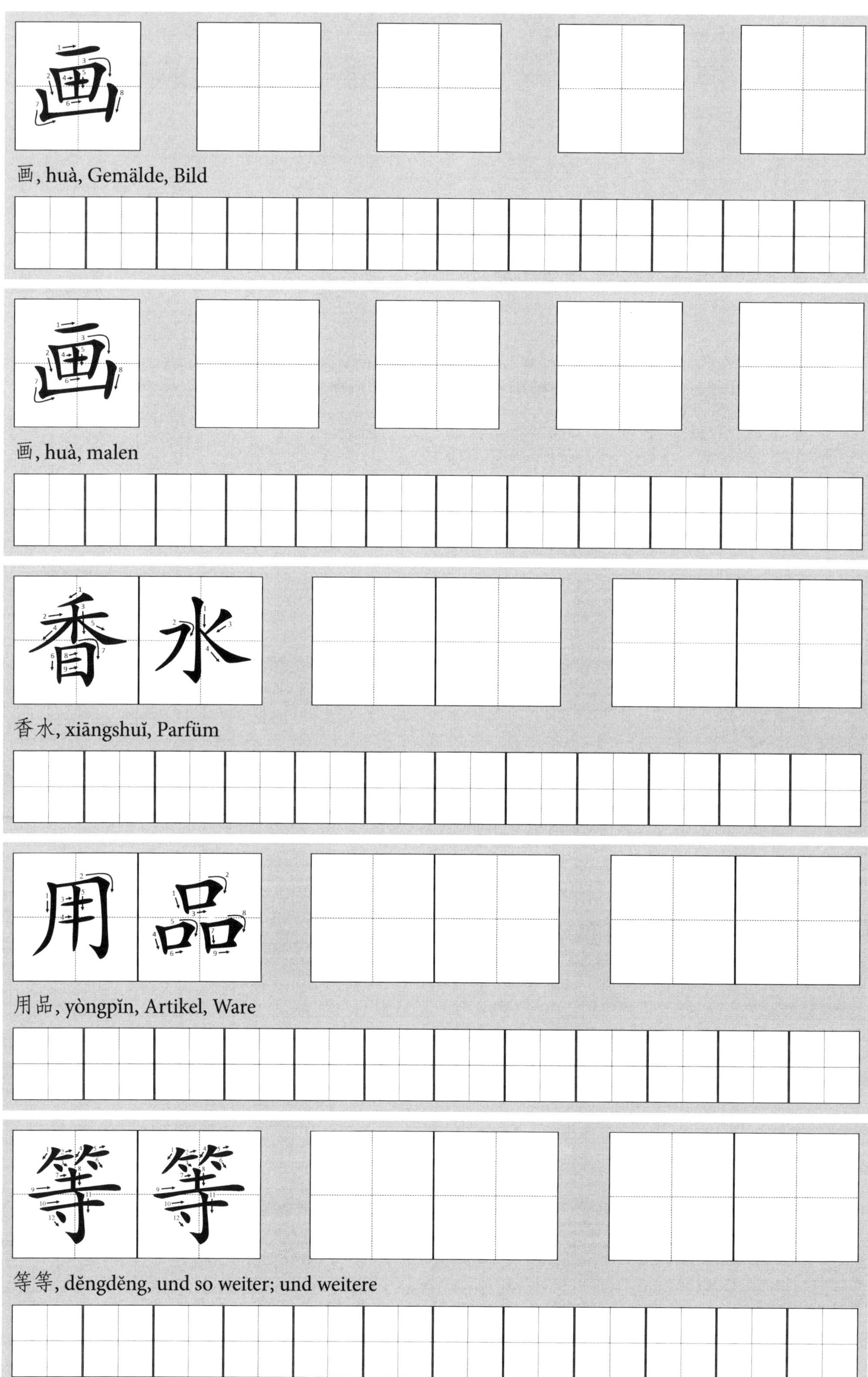

画, huà, Gemälde, Bild

画, huà, malen

香水, xiāngshuǐ, Parfüm

用品, yòngpǐn, Artikel, Ware

等等, děngděng, und so weiter; und weitere

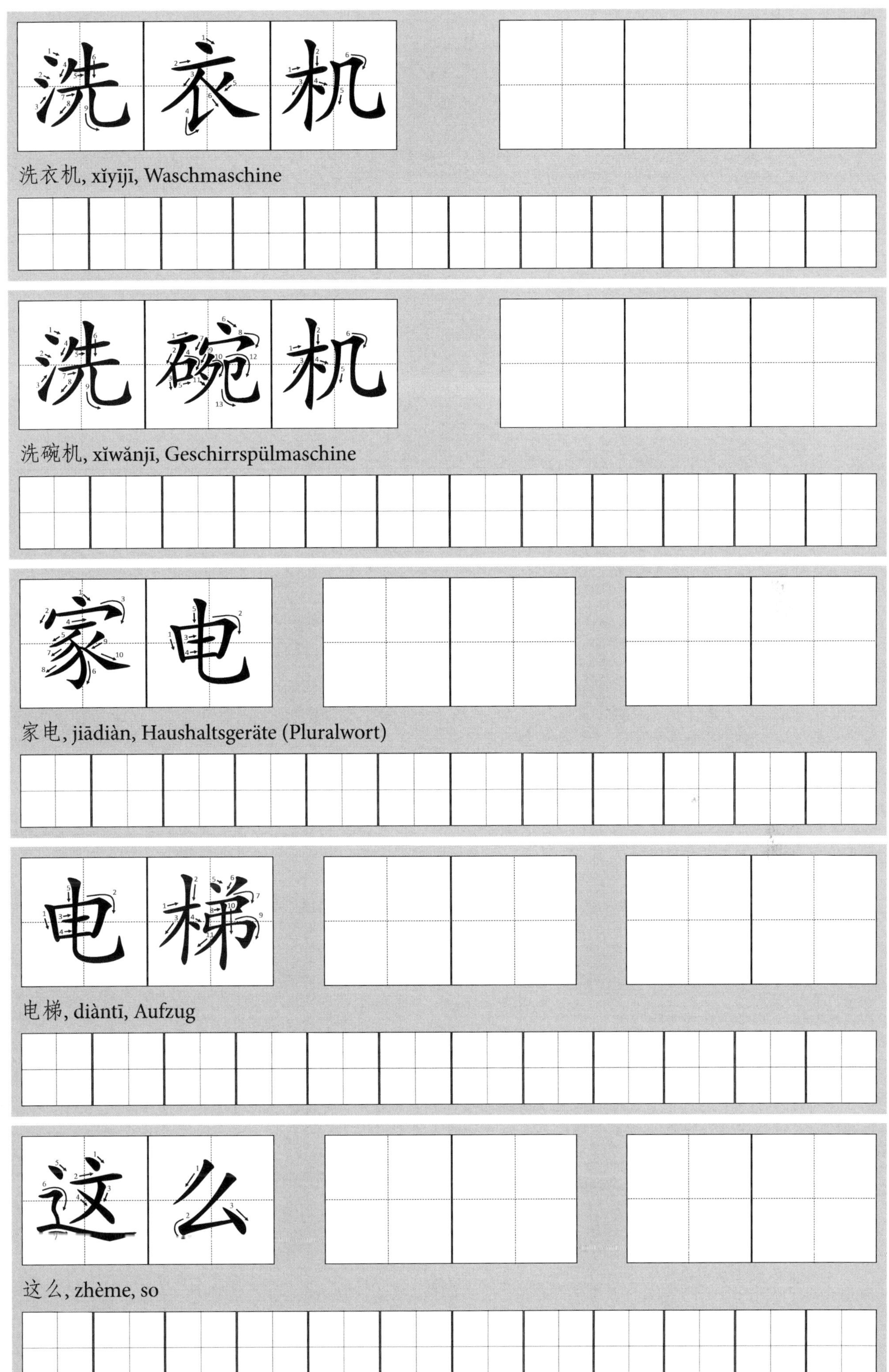

洗衣机, xǐyījī, Waschmaschine

洗碗机, xǐwǎnjī, Geschirrspülmaschine

家电, jiādiàn, Haushaltsgeräte (Pluralwort)

电梯, diàntī, Aufzug

这么, zhème, so

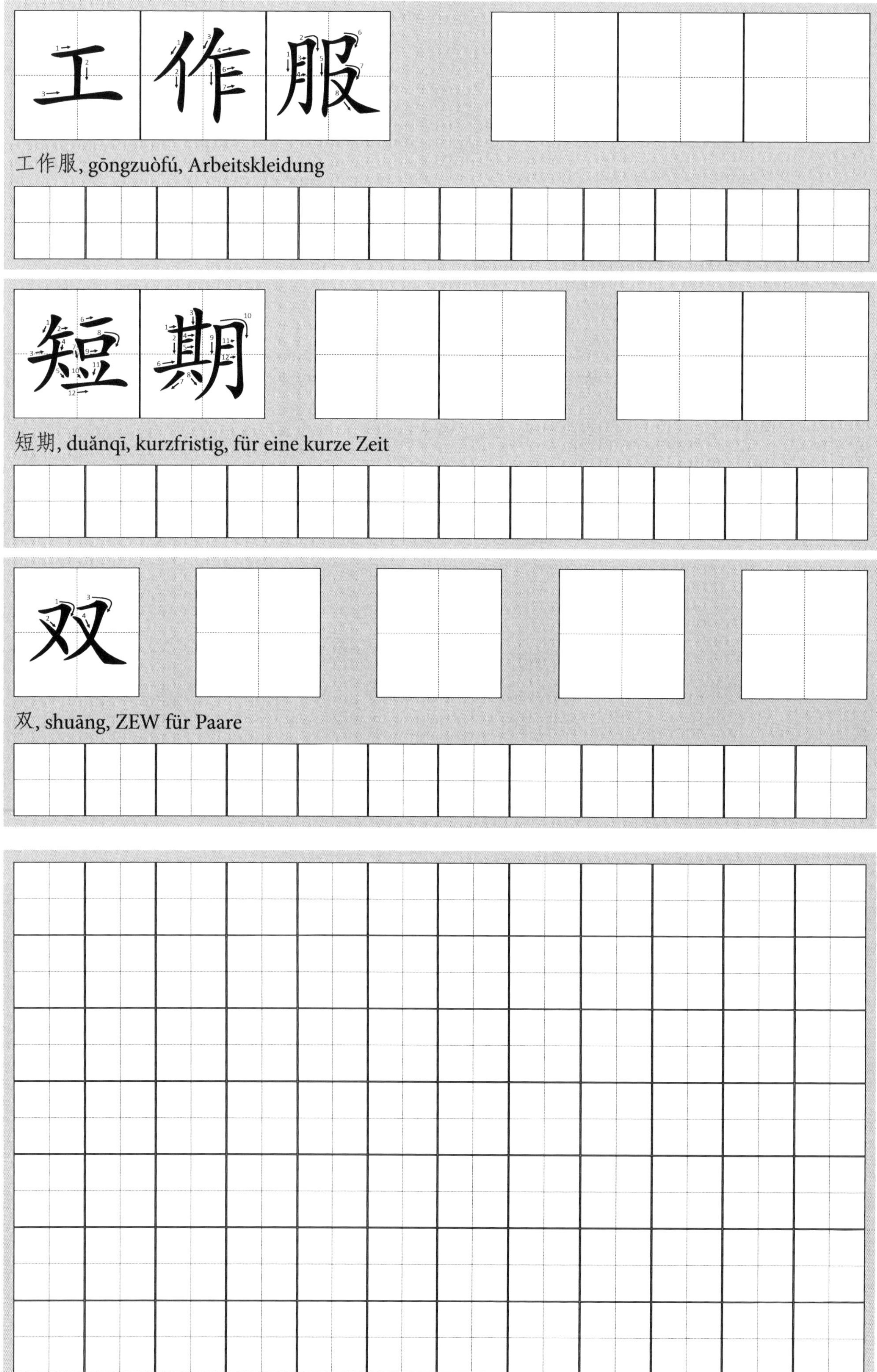

工作服, gōngzuòfú, Arbeitskleidung

短期, duǎnqī, kurzfristig, für eine kurze Zeit

双, shuāng, ZEW für Paare

30 “被”和“把”

极

极, jí, äußerst, extrem, höchst

坏

坏, huài, kaputt, schlecht (sein)

容易

容易, róngyì, einfach (sein)

容易

容易, róngyì, neigen, tendieren

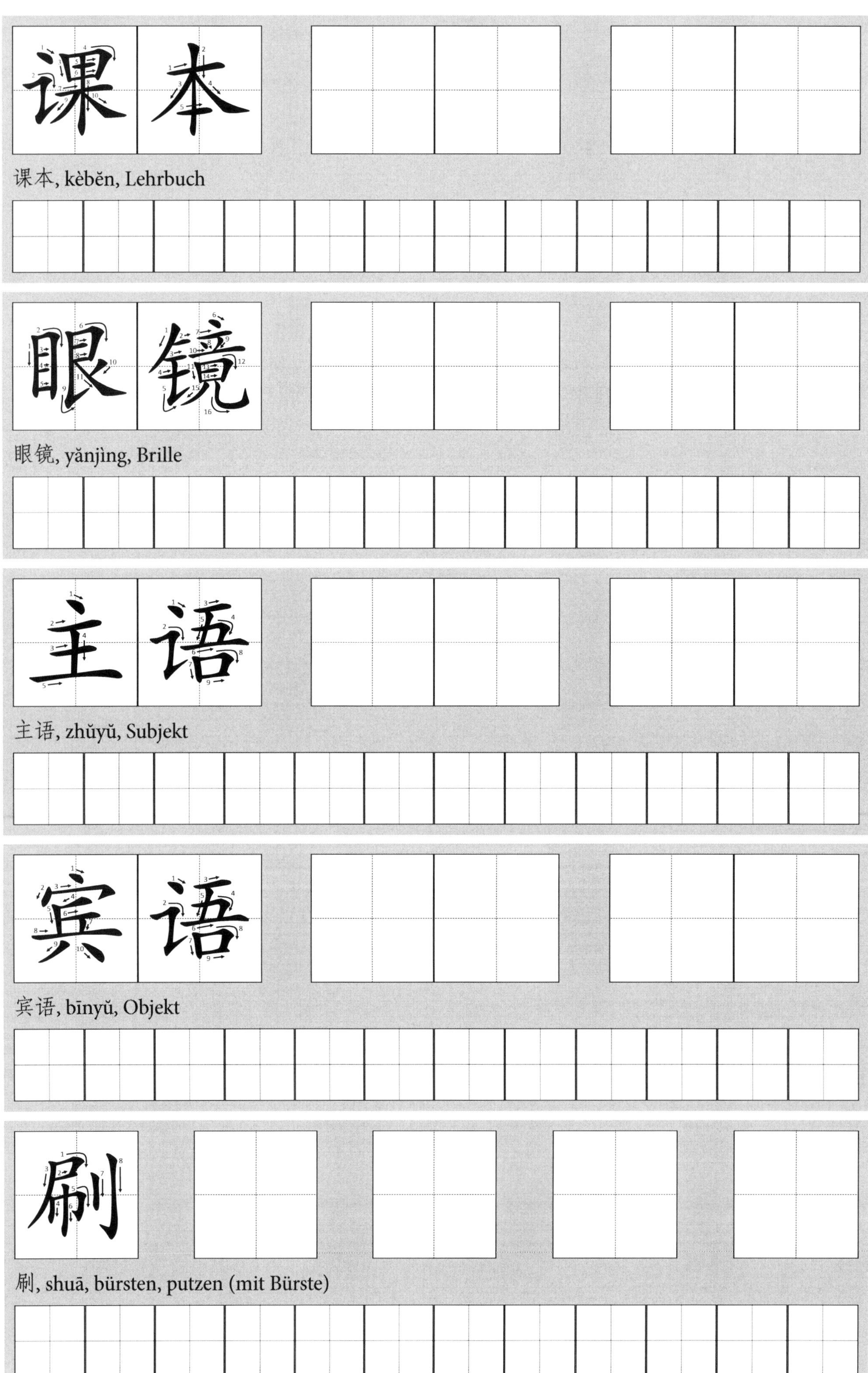

课本, kèběn, Lehrbuch

眼镜, yǎnjìng, Brille

主语, zhǔyǔ, Subjekt

宾语, bīnyǔ, Objekt

刷, shuā, bürsten, putzen (mit Bürste)

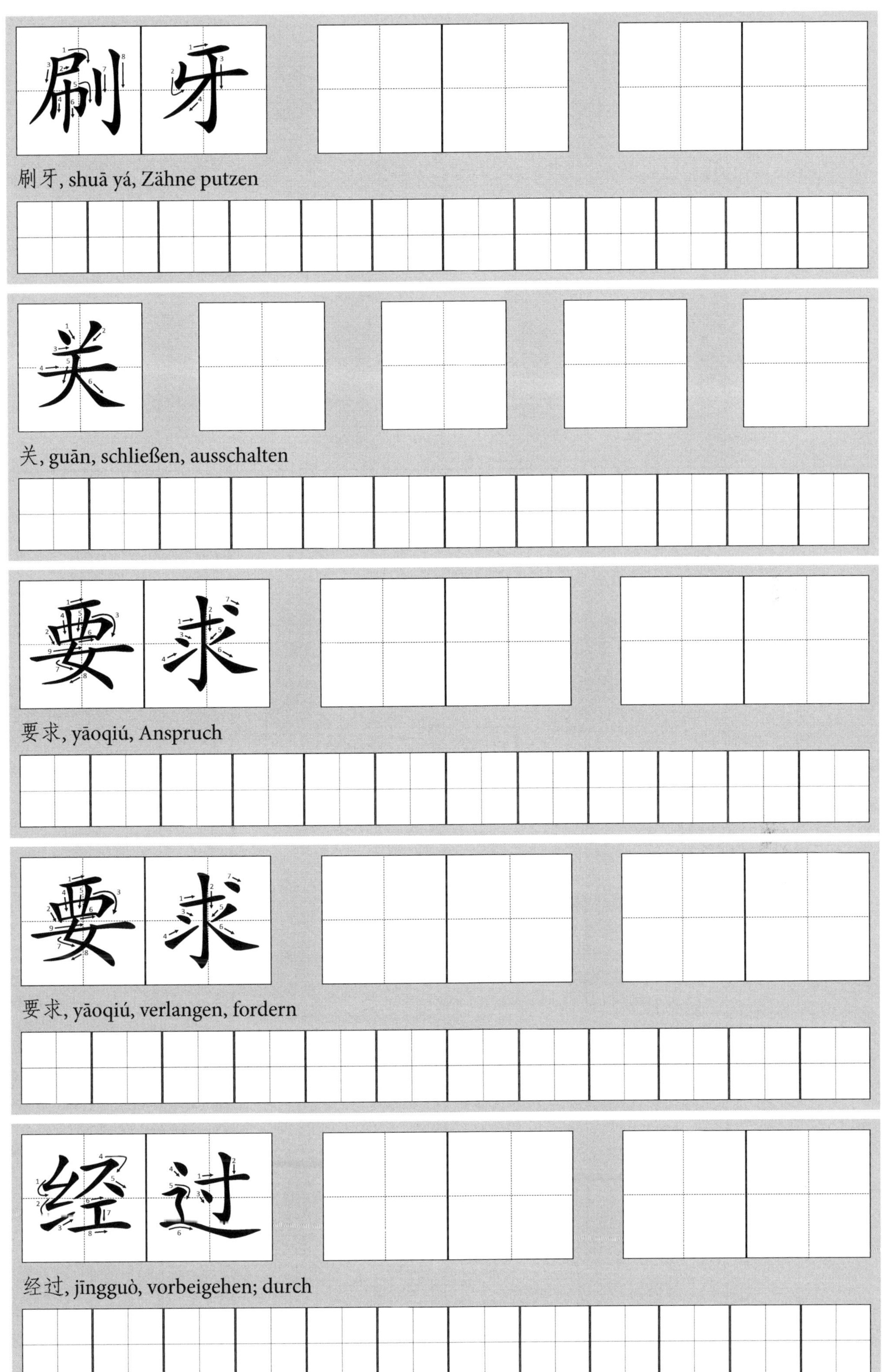

刷牙, shuā yá, Zähne putzen

关, guān, schließen, ausschalten

要求, yāoqiú, Anspruch

要求, yāoqiú, verlangen, fordern

经过, jīngguò, vorbeigehen; durch

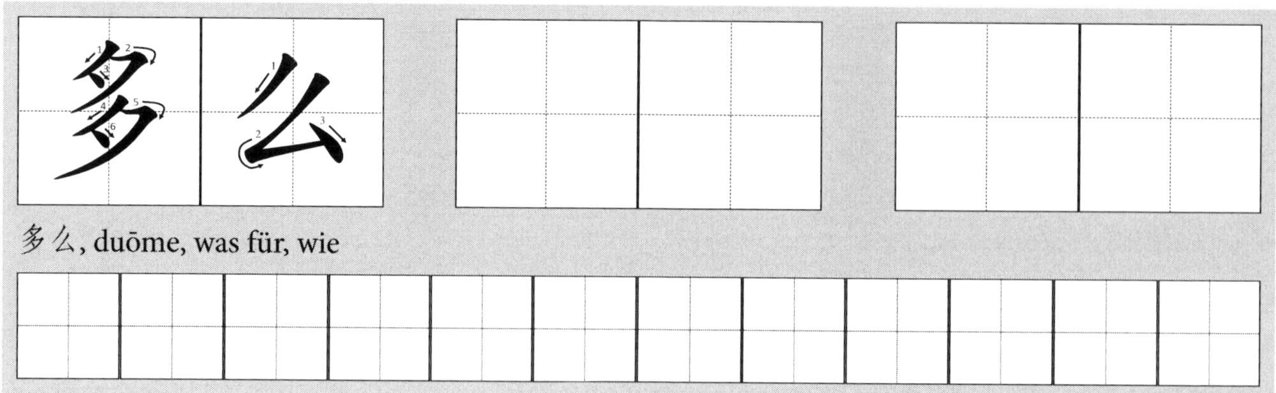

多么, duōme, was für, wie